ブランドマネジメント

究極的なありたい姿が
組織能力を更に高める

(社)日本品質管理学会 監修
加藤 雄一郎 著

日本規格協会

JSQC選書
JAPANESE SOCIETY FOR
QUALITY CONTROL

9

JSQC 選書刊行特別委員会

(50 音順,敬称略,所属は発行時)

委員長	飯塚　悦功	東京大学大学院工学系研究科
委　員	岩崎日出男	近畿大学理工学部機械工学科
	上野　陽一	財団法人日本規格協会
	圓川　隆夫	東京工業大学大学院社会理工学研究科
	長田　　洋	東京工業大学大学院イノベーションマネジメント研究科
	久保田洋志	広島工業大学工学部機械システム工学科
	瀧沢　幸男	日野自動車株式会社 TQM 推進室 QC・SQC グループ
	中條　武志	中央大学理工学部経営システム工学科
	永田　　靖	早稲田大学創造理工学部経営システム工学科
	宮村　鐵夫	中央大学理工学部経営システム工学科

●執筆者●

加藤雄一郎　名古屋工業大学大学院産業戦略工学専攻（MOT 専攻）

用字・用語について

JSQC 選書では,サービス業でも抵抗なく読み進められるように,原則,"品質"ではなく"質"を用います.ただし,"品質立国日本"や"品質表"などの歴史的経過から既に定着したと考えられる用語や固有名詞の場合には"品質"とします.
また,"management"は"マネジメント","control"は"管理"と区別して表記することにしました.そもそも"管理"には広義（quality management：質を中心にした経営管理活動）と狭義（quality control：quality management の一部）が考えられます.欧米同様,それぞれ区別して用語を用いたほうが実施事項や実施範囲が明確になり,誤解なく意味が伝わりやすく,また,国際的な場面においても対応容易性が期待できるため,このように記すことにしました.

発刊に寄せて

　日本の国際競争力は，BRICsなどの目覚しい発展の中にあって，停滞気味である．また近年，社会の安全・安心を脅かす企業の不祥事や重大事故の多発が大きな社会問題となっている．背景には短期的な業績思考，過度な価格競争によるコスト削減偏重のものづくりやサービスの提供といった経営のあり方や，また，経営者の倫理観の欠如によるところが根底にあろう．

　ものづくりサイドから見れば，商品ライフサイクルの短命化と新製品開発競争，採用技術の高度化・複合化・融合化や，一方で進展する雇用形態の変化等の環境下，それらに対応する技術開発や技術の伝承，そして品質管理のあり方等の問題が顕在化してきていることは確かである．

　日本の国際競争力強化は，ものづくり強化にかかっている．それは，"品質立国"を再生復活させること，すなわち"品質"世界一の日本ブランドを復活させることである．これは市場・経済のグローバル化のもとに，単に現在のグローバル企業だけの課題ではなく，国内型企業にも求められるものであり，またものづくり企業のみならず広義のサービス産業全体にも求められるものである．

　これらの状況を認識し，日本の総合力を最大活用する意味で，産官学連携を強化し，広義の"品質の確保"，"品質の展開"，"品質の創造"及びそのための"人の育成"，"経営システムの革新"が求められる．

"品質の確保"はいうまでもなく，顧客及び社会に約束した質と価値を守り，安全と安心を保証することである．また"品質の展開"は，ものづくり企業で展開し実績のある品質の確保に関する考え方，理論，ツール，マネジメントシステムなどの他産業への展開であり，全産業の国際競争力を底上げするものである．そして"品質の創造"とは，顧客や社会への新しい価値の開発とその提供であり，さらなる国際競争力の強化を図ることである．これらは数年前，(社)日本品質管理学会の会長在任中に策定した中期計画の基本方針でもある．産官学が連携して知恵を出し合い，実践して，新たな価値を作り出していくことが今ほど求められる時代はないと考える．

ここに，(社)日本品質管理学会が，この趣旨に準じて『JSQC選書』シリーズを出していく意義は誠に大きい．"品質立国"再構築によって，国際競争力強化を目指す日本全体にとって，『JSQC選書』シリーズが広くお役立ちできることを期待したい．

2008年9月1日

社団法人経済同友会代表幹事
株式会社リコー代表取締役会長執行役員
(元 社団法人日本品質管理学会会長)

桜井　正光

まえがき

　"究極的なありたい姿を組織一丸となって実現する"——これが本書の中核コンセプトです．

　ブランドマネジメントとTQMの融合，これが企業経営にもたらす新たな可能性は計り知れません．組織づくりのマネジメントに強いTQMと，魅力的なコンセプトのプランニングに強いブランドマネジメントの融合は，これからの時代にふさわしい"新しい経営のあり方"を予感させます．両者の融合によって筆者が目指す最終ゴールは，"ビジョン・マネジメント"です．ただし，それは概念的なイメージの管理や従業員意識の管理を指しているのではありません．企業が目指す"ありたい姿"の実現に向けて，全員一丸となって高度な価値創造の仕組みを確立し，優れた製品・サービスという実体に結実させるためのマネジメントです．したがって，"ビジョンに基づく組織づくりのマネジメント"というのが正確ないい方かもしれません．このような大きなゴールを見据え，本書は"ブランドマネジメントとTQMの融合による組織能力向上"に焦点を当てています．

　筆者はもともと広告会社に籍を置き，マーケティングプランナーとしてブランドマネジメント実務に携わってきました．マーケティングプランナーの仕事は，ブランドの世界観を描くこと．"このブランドはどこを目指しているのか"，"どのような世界を顧客に提供するのか"ということを夢と希望をもってコンセプトとして描くこ

とを専門にしてきました．

プランナーの仕事はとてもエキサイティングで，仕事なのか趣味なのか自分でも区別がつかないほどだったのですが，しかし，いつしか非常に悩ましい問題に直面しました．その問題とは，"せっかくブランド世界観（＝ブランドが目指すありたい姿）を描いても，その世界の実現に向けた実践的な取組みができない．その術がわからない"という問題です．

そうした中，筆者はTQMに出会いました．一発で魅了されました．なぜなら，当時の筆者が最も必要としていた"実現に向けた取組み"に関する術をTQMが数多くもっていたからです．方針管理，QCストーリーなど，PDCAを回すための優れた方法論をこれほど豊富に取り揃えた分野はTQMを置いて他にないでしょう．筆者から見ると，TQMは"How to do"に関する実践手法の宝の山に映りました．実現したいことはあるのに，実現方法をもち合わせていなかった筆者にとって，TQMは非常に魅力的だったのです．

すでにTQMに携わっている方には，これまでとはまた異なる視点からTQMの新たな魅力に気づいていただく機会になればと思っております．また，"思いはあれど，行動に移す手立てがなかった"というこれまでTQMに縁がなかった方には，本書をきっかけにTQMを知っていただきたい．そういう願いを込めて本書の執筆に臨みました．我が国製造業が今後ますます光り輝く飛躍を遂げることに本書が少しでもお役に立つことができるならば本望です．

本書は全8章から構成されています．第1章では，ブランドマネジメントとTQMの関係について概観します．コンセプトづくり

に強いブランドマネジメントと，組織づくりに強いTQMは，相互補完の関係にあることを申し上げます．第2章と第3章は，ブランドマネジメントについてです．第2章では，概論としてのブランドマネジメント基礎を，そして第3章では，コンセプトを書くためのポイントをご紹介します．ここで，"ブランドプロポジション"という独自の表現フレームが紹介されます．第4章と第5章は，事例と理論的なまとめを行います．筆者が実際に携わった企業案件の中から，B2B (Business to Business) と B2C (Business to Consumer) の事例をそれぞれ一つずつ紹介した後，ブランドマネジメントが企業経営にもたらす新たな視点について検討します．第6章は，考具の紹介です．読者の皆さんがご自分でコンセプト立案する際に役立つ"考えるための道具"を紹介します．第7章は，いわば本書の本丸です．ここでブランドマネジメントとTQMの融合がもたらす新たな可能性について考察します．そして最終章では，これからの企業経営に最も必要なことについて筆者が考えることを申し上げます．それは，企業自らが掲げる"究極的なありたい姿"の重要性についてです．いまなぜビジョンが必要なのか，ビジョンがあると何が変わるのか，そしてビジョンをどう書き表せばよいのかについて筆者が考えることを申し上げます．

　本書執筆の機会を与えてくださったJSQC選書刊行特別委員会委員長の飯塚悦功先生ほかの関係者に厚く感謝申し上げます．そして，拙稿を何度も熟読していただき校正へのアドバイスや原稿上の不備を的確にご指摘いただいた久保田洋志先生に深く感謝いたしま

す．さらに，日本規格協会の宮原啓介氏の並々ならぬご指導と忍耐に心から感謝申し上げます．

　最後に，加藤研究室の学生たちにこの場を借りて御礼を申し上げたいと思います．広告会社のマーケティングプランナーから大学のMOT研究者に転身して今年で丸6年が経過しました．広告業界から突然に技術経営分野に転身し，技術経営のツボをつかむことは一筋縄ではいきませんでした．学生たちともがき苦しんだ6年間といっても過言ではないのかもしれません．筆者にとって本書は，これまでの6年間におよぶ奮闘の軌跡を表したものなのかもしれません．本書を仕上げるにあたり，加藤研究室の学生全員のサポートがありました．まさに全員参加です．筆者にとって生まれて初めての執筆本を，こうして共に戦ってきた学生たち全員と仕上げることができて本当に嬉しく思います．加藤研究室の池田祐一君，奈良亜美さん，大岩久人君，山下哲朗君，あなたたちの力添えに心から感謝しています．

2009年9月某日

　　　　　　　　　　　　　　　　　　　　　　　　加藤雄一郎

目　　次

発刊に寄せて
まえがき

第1章　はじめに：ブランドマネジメントとTQMの関係

1.1　ブランドマネジメントから見たTQM …………………… 14
1.2　TQMから見たブランドマネジメント …………………… 16
1.3　ビジョン・マネジメントという新しい経営に向けて ……… 19

第2章　ブランドマネジメント概論

2.1　ブランドマネジメントが脚光を浴びた背景 ……………… 24
2.2　ブランドとは ……………………………………………… 28
2.3　顧客にとってブランドとは ……………………………… 30
2.4　まとめ：良好な顧客関係性構築に向けた要件 …………… 32

第3章　コンセプトを表現する基本的枠組み： ブランド・プロポジション

3.1　人間の意思決定原理 ……………………………………… 35
3.2　ブランド・プロポジション：顧客から見た自社存在理由 … 38
3.3　まとめ ……………………………………………………… 42

第4章　事例：ブランド・プロポジションの効用

4.1　B2B 事例（テキスタイル） ……………………………… 45
4.2　B2C 事例（ヘアサロン） ………………………………… 53
4.3　このほかの事例の簡単な紹介 …………………………… 59
4.4　まとめ ……………………………………………………… 62

第5章　CS 経営にブランドマネジメントを導入する意義

5.1　CS 経営とは ……………………………………………… 63
5.2　CS 経営の新たな視点 …………………………………… 65
5.3　新しい CS 経営モデルの概要 …………………………… 70

第6章　ブランド・プロポジション設計手続き：
　　　　4Q 洞察と VTree の活用

6.1　洞察上の着眼点：4Q 洞察観点 ………………………… 75
6.2　ブランド・プロポジション設計手続きの詳細 ………… 86
6.3　4Q 洞察及び VTree がもたらす効用 …………………… 98

第7章　ブランドマネジメントと TQM の融合による今後の展望

7.1　品質の創造と管理に関する新たな着想 ………………… 101
7.2　組織づくり・組織運営に関する新たな可能性 ………… 122
7.3　まとめ：TQM との融合がもたらす新しいブランド
　　　マネジメント ……………………………………………… 134

第8章 ビジョン:夢と希望に満ち溢れた"究極的なありたい姿"が企業にさらなる飛躍をもたらす

8.1 ビジョンを掲げることの意義及びこれまでの経緯 ………… 139
8.2 ビジョン表現に関する二つの懸念 …………………………… 140
8.3 ビジョン表現上の留意点 ……………………………………… 143
8.4 結語:夢と希望,そしてブランド・プロポジション ……… 151

索　引 ……… 157

/コラム/

ブランドマネジメントとそれにかかわる概念の実際 …… 29
ブランドマネジメントの現状 ……………………………… 33
なぜ経営資源の統合化が必要か …………………………… 92
品質区分 ……………………………………………………… 108

第1章 はじめに：ブランドマネジメントとTQMの関係

　ブランドマネジメントとTQM．両者の関係について言及した書籍は，おそらく本書が初めてなのではないだろうか．ブランドマネジメントとTQMはそれぞれ企業の異なる部門で扱われる場合が多いことから，両者の関係について深い議論が行われることが少なかった．しかし，ブランドマネジメントとTQMは相互補完的な関係にあり，これからの時代，両者は密接に結びつくべきと筆者は考えている．ブランドマネジメント側から見れば，組織づくりの方法論を取り揃えたTQMは大いに魅力的であり，一方，TQM側から見れば，コンセプト立案に長けたブランドマネジメントが魅力的に映ると思われる（表1.1）．

表 1.1 ブランドマネジメントとTQMの関係

	顧客関係性構築にかかわる **プランニング**	実体として具現化するための **マネジメント**
ブランド マネジメント	◎	△
TQM	△	◎

1.1 ブランドマネジメントから見たTQM

ブランドマネジメントは，"長期にわたる良好な顧客関係性を構築するうえで，自社製品・サービスの魅力をどう語るか？"といったアイデアや切り口について豊富な知見をもっている．一言でいえば，"自社の魅力の語り方"というコンセプトづくりに強い．自分たちの魅力が何なのかということを抽出し，それを対外的に発信することに長けている．その一方で，"自社の魅力をいかに伸ばしていくか？"，"そのアイデアを組織運営にどう活かすか？"といった対内的なマネジメントについては実践的方法論を欠いているという印象が拭えない．

昨今では，企業が自らのブランドを社内に浸透させるための"インターナル・ブランディング"という対内的なブランドマネジメントも活発に行われ始めており，大手広告会社などが本格的な事業サービスとして展開するに至っている．この活動は，企業の目指す姿を社内に確実に浸透させることにより，個人の活力を向上させ，従業員の意識や行動をブランドの方向性と合わせていくことを目指している[1]．ブランドマネジメントの取組みに積極的な企業の組織文化は，"自社の企業理念や使命について語り合い，他社がやらないことに挑戦し，仕事の方針や進め方について納得いくまで語り合い，働くことに誇りや満足感があり，権限委譲が進んでいる"というプロアクティブ型の組織文化として特徴づけられている[2]．そして，ブランド戦略の計画と実行にはその実行主体である企業の価値観や行動様式が大きく影響し[3]，理念やビジョンの社内浸透は組織

を秩序立てることに貢献することから[4]，理念やビジョン，価値観の浸透によって組織文化を活性化させる意義は大きい[5]．

しかし，現在のインターナル・ブランディングは，1980年代のCI（Corporate Identify）活動が真に目指していたことと本質的に大きく変わるものではないという指摘もある．当時のCIの真のねらいは"自社はどうあるべきか"という自己認識に焦点を当て，理念・ビジョンの見直しや企業文化の確立・革新，社員の意識変革など企業内面に踏み込むことだったといわれているが[6],[7],[8]，実際はロゴやスローガンの開発に終始してしまった活動が少なくなかった．せっかく作り上げた理念が額縁に入ってしまったケースや[4]，理念やビジョンに対する組織構成員の理解が概念レベルにとどまってしまい具体的な組織行動として表れなかったケースなど[7]，効果が思うように表れず，1990年代に入るとCIブームが忽然と過ぎ去ったといわれている[9]．最大の原因の一つとして，組織的な行動を展開するための理論的枠組みや方法論を欠いていたことが挙げられよう．この状況はインターナル・ブランディングにおいても大きく変わらないことから，このままでは同じ失敗を繰り返すことになりかねない．

このような観点から見て，TQMの存在は極めて大きい．ブランドが目指す"ありたい姿"を定めることに長けているブランドマネジメントにとって，最大の課題は，その姿の実現に向けた組織的な取組みである．全員参加型の組織的な取組みに関する実践的な方法論を体系立てて保有するTQMは，ブランドマネジメントから見て喉から手が出るほど魅力的なものであり，組織づくりに必要なマネ

ジメント手法の宝庫に見えてならない．ブランドマネジメントにとって，TQMとの融合は必然といえるのかもしれない．

1.2 TQMから見たブランドマネジメント

一方，TQMにとっても，ブランドマネジメントは有用である．今，TQMに一番必要なことの一つは，魅力に溢れたコンセプトを設計する力ではないかと筆者は考えている．"全員参加"というキーワードを掲げるTQMだからこそ，かかわる人々すべての心をつかみ，みんなで力を合わせてぜひ取り組みたいと思わせるだけのコンセプトが求められる．このように考える理由をもう少し詳しく述べたい．

筆者から見たTQMは，"組織づくり"に非常に強い．TQMをあまりご存じではない方に，その強さを少しご紹介しよう．例えば，トップのリーダーシップを組織全体にわたって発揮する強力な方法論として"方針管理"がある．全社レベルの目標を各事業部や各部門の目標にブレイクダウンして全体最適化を目指す方針管理は，企業全体として目指す"ありたい姿"の実現に向けて全社一丸となった取組みに大きく貢献する．トヨタ自動車やコマツなど，我が国を代表する企業の多くがこの方法論を導入している．一方，現場に視点を移すと，"QCストーリー"や"PDCAサイクル"，"小集団活動"など，現場力の改善・維持・強化を支える方法論や手続きが数多く取り揃えられている．これらの現場力を支える方法論が，世界最高水準を誇る我が国のものづくりに大きく貢献している

1.2 TQM から見たブランドマネジメント

ことは周知の事実である．このように，トップのレベルから現場レベルに至る全階層をカバーしたうえで，"強い組織づくり"の方法論を豊富に保有する分野は TQM を置いてほかにないだろう．筆者が TQM に急接近したのはまさにこの点である．広告会社のマーケティングプランナーとして，企業からお預かりした商品のブランド世界観（ブランドが目指す姿）を描くことを仕事にしていた当時の筆者は，"目指す姿を描きはしたが，そのイメージ世界を'モノ'として更に高度に具現化するための術がない"という悩みを抱えていた．筆者にとって，全社一丸となって組織的な取組みを可能にする TQM はあまりに魅力的だったのである．

このように，組織づくりに役立つ方法論を体系的に保有する TQM ではあるが，その一方で，筆者は TQM を深く知っていくうちに一つの疑問を抱くようになった．その疑問とは，"TQM は，'目標'を設定した後の展開に優れている一方で，'目的'を設定することは得意ではないのかもしれない"というものである．TQM が重視していることとして"全員参加"，"組織一丸となった取組み"が挙げられるが[10]，全員参加や組織一丸の拠り所となるべき目的や意義，あるいはコンセプトが，筆者から見て魅力や力強さに欠けているように映ったのである．ひとたび目標が設定された後，それをいかに達成するかという "How to do" に強い一方で，自分たちが取り組むべき課題は何かという "What to do" については考え方や理論的枠組みを整備する余地がまだ残されているように思う．

かつての"欧米に追いつけ・追い越せ"の時代には，全員が同じ

問題意識や目的意識をもちやすかったといえるだろう．そして，当時の状況では"品質"というキーワードで全体を括りやすかったと思われる．当時は，"品質向上"こそが国家の発展や生活水準向上の決定因だったことを，1960年にスタートした"品質月間"の発足当時のテーマからうかがい知ることができる．

"よいものを買おう，よいものを作ろう"（1962）
"利益確保は品質管理で"（1966）
"世界に伸びよう品質で"（1967）
"眼は世界，足元固めよQCで"（1968）
"よい品質で世界の繁栄"（1969）

このように，当時は"品質"という言葉こそが，我が国製造業が世界に羽ばたき，そして，豊かな生活や社会を創造するうえでキーワードになっていたのかもしれない．組織構成員を束ねるコンセプトとして，当時の"品質"という言葉は十分すぎるほどの力をもち合わせていた．しかし，今日の状況は当時とは全く異なる．今日の市場競争はこの1テーマのみで説明できるものではない．ビジネスモデルの優劣やマーケティングの優劣など，様々な要因が勝ち負けに大きく影響している．競争環境の複雑化，企業経営を取り巻く利害関係者の拡大，自社組織の肥大化，従業員各人の価値観の多様化は，企業が考えなければならないことや取り組まなければならないことを激増させた．企業が競争を勝ち抜くうえで，その決定因は必ずしも"品質"だけではなくなった．結果として，"品質"という言葉は全社一丸となって取り組むにふさわしい"全体コンセプト"としての力を徐々に失っていったということはないだろうか．

誤解していただきたくないのだが、筆者は品質の重要性を否定しているのではない．むしろ、この重要性を深く理解しているつもりである．しかし、市場競争の軸が多様化した今日、"品質"という言葉一つだけで組織を束ねることのできる時代は終わりを告げつつあるのかもしれない．組織づくりのための実践的な方法論や、全員参加型のPDCAを実践するための方法論をこれだけ取り揃えているにもかかわらず、"トップの方針が組織末端に行き渡らない"[11]，"部門間の連携、横のつながりが希薄"[11],[12]，"我が国の企業のお家芸であるボトムアップ型の取組みが全体最適に寄与しない"[13]などといった組織運営上の問題が一部で発生していることは、魅力に溢れた全体コンセプトを掲げきれていないかもしれないということと無関係ではないと思われる．今まさに、TQMは経営の立脚点ともいえる全体コンセプトを掲げる力を再構築すべき時を迎えたといえるのではないだろうか．このような観点から見て、TQMにとって魅力的なコンセプトづくりに長けたブランドマネジメントは有用であるに違いない．ブランドマネジメントの知見を取り入れることによって、組織づくりに関するTQMの考え方は更に深さを増し、各種の実践的な方法論は一層力強いものになっていくに違いない．

1.3 ビジョン・マネジメントという新しい経営に向けて

以上、ブランドマネジメントとTQMは相互補完の関係にあることをご理解いただけたと思う．ブランドマネジメントが得意とする魅力的なコンセプトづくりは、TQMと融合することによって、組

織能力に裏打ちされた優れた製品・サービスとして結実することができるだろう．一方，組織づくりを得意とするTQMは，ブランドマネジメントの考え方を取り入れることによって，組織づくりに関する考え方が深さを増し，方法論の幅を広げていくことが期待できる．

ブランドマネジメントとTQMの融合がもたらす新たな可能性は計り知れない．近い将来の"新しい経営の登場"を予感させる．筆者が最終的に目指すゴールは"ビジョン・マネジメント"である．これは従業員のモチベーションなど"意識のマネジメント"という意味ではない．企業が目指す"ありたい姿"の実現に向けて，全員一丸となって高度な価値創造の仕組みを確立し，優れた製品・サービスという実体に結実させるための"組織づくりのマネジメント"という意味で使っている．"ビジョンに基づく組織マネジメント"という考え方は，これまで概念としては存在していたものの，実践的な方法論の体系として確立されてはいなかった．両者の融合は，これをついに確立できる可能性を大いに秘めている．これからの時代にふさわしい次世代の企業経営のあり方は，ブランドマネジメントとTQMの融合にかかっているといってもよいのではないだろうか．

引用・参考文献

1) 牧口松二(2002)：インターナル・ブランディング，日経広告研究所報，No.206, pp.31-37
2) 日経産業地域研究所編著(2001)：日本企業のブランドマネジメント～有力企業の実態と動向～，pp.29-33，日本経済新聞社

3) 小林哲, 高嶋克義(2005)：組織行動がブランド・マネジメントに与える影響〜資源ベース理論の適用可能性に関する考察〜, 季刊マーケティングジャーナル, No.98, pp.20-37
4) 田中一範(2003)：インナーコミュニケーションベースの企業ブランド戦略, 日経広告研究所報, No.209, pp.44-48
5) 嶋口充輝(2002)：企業の競争力につながるインナーコミュニケーションを, 広告月報, No.10, pp.7-9
6) トータルメディア開発研究所(1984)：日本型CI戦略をつかめ, pp.17-60, ダイヤモンド社
7) 猪狩誠也, 上野征洋, 剣持隆, 清水正道, 城義紀共著(2002)：コーポレート・コミュニケーション戦略, pp.3-57, 同友館
8) 境忠宏(1990)：企業変革とCI計画, pp.4-57, pp.121-186, 電通
9) 嶋村和恵(2002)：企業イメージ, CI, CC, 企業広告の研究, 日経広告研究所報, No.206, pp.51-55
10) 飯塚悦功, 長田洋(1996)：TQM時代の戦略的方針管理, pp.33-50, 日科技連出版社
11) 細谷克也(2008)：方針管理を効果的に推進するための10ポイント, クオリティマネジメント, Vol.59, No.9
12) 鐵健司(1999)：TQMとその進め方, 日本規格協会
13) 宮地恵美(2004)：日本の製造業における全体最適化と局所最適化—PLMソリューションのアンケート結果から—, ユニシス e-Japan ニュース, No.70（2004.11.24）

第2章 ブランドマネジメント概論

　ブランドマネジメントのポイントについての言及に先立ち，"ブランド"という言葉に対する実務家の認識を見てみることから始めよう（表 2.1）．

表 2.1　実務家による"ブランド"という言葉の認識

- 長年商品を通じて積み上げられた信頼の結果
- お客様の期待
- 企業が作り上げているイメージである
- 商品やサービスなどに付随してお客様を惹きつけるもの
- 顧客価値を想像させるもの
- 他社に対する競争優位力
- お客様に安心感を与えるもの
- 信頼である
- 顧客との接点である
- 企業側の継続的なこだわりを示すもの
- アイデンティティ(企業側)とイメージ(消費者側)の一致点である
- 作り手にとっての"誇り"である．使い手にとっての"信頼"である
- お客様との"約束"である．さらに"いつの時代でも変わらない約束"
- その企業のイメージである
- 資産である．数値で見えるものもあるが，大部分は目に見えないもの
- 消費者との心理的距離を近づけるものである

　上記は，"ブランド"をテーマとして取りあげた 2006 年 12 月の第 83 回品質管理シンポジウムにおいて，ブランドについてシンポジ

ウム参加者が発話した内容を筆者がメモしたものである．"ブランド"という言葉はカタカナ言葉であるためか，実務家の間で様々な意味合いで認識されていることがわかる．本章では，ブランドという言葉の意味を明確にするとともに，ブランドマネジメントが目指していること，そのポイントについて概説する．まず，ブランドマネジメントが注目されるようになった背景として，マーケティング実務のパラダイムがどのように変遷してきたのかについて述べたい．

2.1　ブランドマネジメントが脚光を浴びた背景

ブランド論が我が国に本格的に入ってきたのは 1990 年代に入ってからである．それ以前においてもブランドという言葉は用いられてはいたが，今日のような意味合いをもち合わせていなかった．ブランド論が登場する以前にさかのぼり，マーケティング実務の中心的課題の推移を見てみよう．

図 2.1 に示すとおり，マーケティング実務のパラダイムは，[Selling → Marketing → Branding] へシフトしてきたといわれ

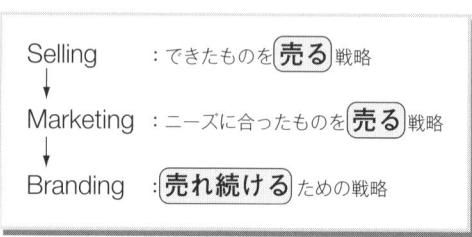

図 2.1　マーケティングの中心的課題の推移

ている."Selling" と "Marketing" の二つをそれぞれ"プロダクト・アウト"と"マーケット・イン"という言葉に置き換えれば,ご存じの方が多いだろう(表2.2).前者の Selling が,作ったものを売る戦略であるのに対し,後者の Marketing は,顧客のニーズをとらえてからモノを作り,そして売る戦略である.立場の違いに着目するならば,前者の Selling は,"まず生産ありき"という生産者志向であるのに対し,後者の Marketing は"はじめに顧客あ

表 2.2 プロダクト・アウトとマーケット・インの考え方

	シーズ志向 (プロダクト・アウト発想)	ニーズ志向 (マーケット・イン発想)
キーワード	シーズ(Seeds):企業が所有する技術・材料・アイデアなど	ニーズ(Needs):消費者の(意識化された)必要性
概 説	自社の技術などをもとにして製品を開発すること. 自社のコア技術が提供する価値から出発して,市場から見て受容可能な商品を開発する型.	顧客のニーズを出発点にして製品を開発すること. アンケート,グループインタビュー等を用いて収集した"顧客の声(VOC: Voice Of Customer)"から出発して商品を開発する型.
立 場	生産者中心,"まず生産ありき"の立場.	顧客中心,"はじめに顧客ありき"の立場.
長 所	顧客自身さえもが気づかない新たな価値を提案することができる. 革新的かつ他社と差別化された製品を開発できる可能性が高い.	製品の開発が行いやすく,短期の製品開発,市場に受け入れられやすい製品の開発が可能. 比較的容易に利益をあげることができる売り方.
短 所	先行しすぎて市場に受け入れられず,独りよがりな製品となってしまう危険性がある. 提供価値が市場へ浸透するのに時間がかかる場合が多いため,儲けが出るまでに時間がかかる. "技術の押し付け","企業の思いあがり"	革新的な他社とは差別化された製品の開発が難しい. "提案型"というよりも"御用聞き型"に陥り,受動的なビジネスになる危険性が高い. "よくできているが,ただそれだけ"

りき"という顧客志向であり，両者の立ち位置は明確に異なる．

　生産者志向のプロダクト・アウト型のものづくりの限界が広く認識された後，マーケット・インの考え方は，業種・業界を超えて，企業に浸透していった．そのような中，1990年代に入って，メーカを悩ます問題が生じた．"価格破壊"である．顧客の声に耳を傾けていても，モノが思うように売れない時代が到来した．この原因はいくつもあるだろう．例えば，大手スーパーによる独自ブランド"プライベート・ブランド（PB）"が勢いを増し，ナショナルブランドと呼ばれるいわゆるメーカ品の売れ行きが失速するという現象が発生した．また，メーカ各社の技術水準の向上は，製品間の品質格差を小さくし，機能的差別化を困難にさせた．さらに，これに過度なモジュール化の進展が加わったことにより，バリュー・チェーンにおいてスマイルカーブ現象が発生した．生産プロセス革新は，プロダクト・ライフ・サイクルの短縮化をもたらし，一つの商品の寿命は確実に短くなっていった．当時の状況を一言でいうならば，あまりに激しい競争の時代が到来したといえるだろう．

　そこへ彗星のごとく登場したのがブランドマネジメントだった．それまでの"Selling"や"Marketing"に代わる，新しい考え方にマーケティング実務家は飛びついた．特に，B2Cにおいてパッケージグッズを手がける企業ではその飛びつき具合が顕著だった．

　"Branding"の最大の関心事は，図2.1にあるように"売れ続けること"である．"Selling"と"Marketing"は，それぞれ生産者志向と顧客志向と立場の違いはあるが，最大の関心事は両者ともに"売れる"ことだった．"いかにうまく売るか"ということに焦点を

当てているという点で，両者は非常に近い．ところが1990年代に入り，新規顧客の獲得に要するコストの急上昇や，やっとの思いで顧客を獲得しても次の購入機会のときには競合に奪われるという現象が発生した．売れることはもちろん重要である．モノが売れるためには新規顧客の獲得は不可避である．しかし，事業として成立するためには，既存顧客をいかにつなぎとめるかという視点が飛躍的に重要視されるようになった．

"長期にわたる良好な顧客関係性構築こそが，売れ続けるための突破口だ"——そのようなブランドマネジメントの中核的な考え方が1990年代半ば以降のマーケティング実務の主流になっていった．"Selling"と"Marketing"が"取引（売れる）"に着目していたのに対し，"Branding"は"関係性（売れ続ける）"に着目点を移すようマーケティング実務家に促したのである（図2.2）．今日のマーケティング実務では，長期にわたって顧客と良好な関係を築くことが成功の鍵といわれており，"顧客関係性管理"が重要なテーマになっている．

関係性という言葉のもともとの意味は"信頼や相互依存性の程度"であり，これを顧客と企業の関係性に当てはめると，顧客関係性は，"顧客と企業間における信頼などを含む相互依存性の程度"としてとらえることができる．"良好な顧客関係性は企業の収益性を高める"といったことが大学や調査機関から報告されるようになり，今日の成熟化社会において企業と顧客の間における関係性は，価値創造の源泉として極めて重要な役割を担っているという認識が広がっていった．

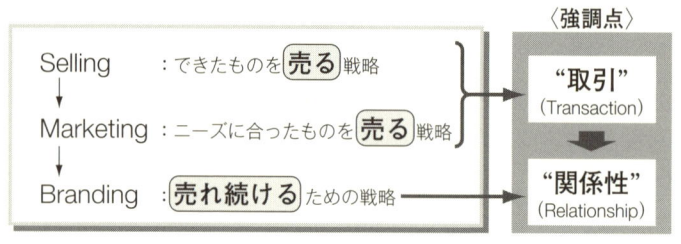

図 2.2　マーケティングの強調点の移行

2.2 ブランドとは

このように，顧客との長期にわたる良好な関係性を築くことの重要性が認識されるようになったことに伴い，企業と顧客をつなぐ存在が必要になった．つまり，関係性を担う基盤が必要になったのである．その基盤こそ"ブランド"なのである（図 2.3）．

1990 年代にブランド論が世界各国で注目されるようになって以降，マーケティング実務家の間では"ブランドとは顧客に対する約束である"という認識が広く浸透している．約束は，企業にそれを果たし続けることを要請し，一方，顧客はその約束に期待し続ける．かくして，企業と顧客の間には長期にわたる良好な関係性がもたら

図 2.3　ブランドとは顧客に対する約束である

される.これがブランドマネジメントの基本的な考え方である.

なお,ブランドという言葉を"信頼","安心","有名・知名度"として認識している実務家がいまなお多いが,これらはすべて"結果(約束を果たし続けた結果)"としてとらえることが望ましい.企業が顧客に対して示した約束が高度に果たされ続けた結果,顧客はブランドに対して信頼感や安心感を抱く.そして,信頼感や安心感を抱いた顧客が大規模化することによって,ブランドの知名度が高まり,有名な存在になる.信頼や安心,知名度はあくまで結果系であり,このような結果をもたらす原因系にあるものは,企業が顧客に対して示した約束であると考えることが望ましい.

/コラム/

ブランドマネジメントとそれにかかわる概念の実際

ブランドという言葉を聞くと,"ロゴマークやネーミング,広告表現などの記号づくり"をイメージする実務家も多いと思われる.ブランドの歴史は古くエジプトの時代までさかのぼり,家畜の所有者が自己の家畜と他人の家畜を識別するための"焼き印"が語源であるといわれている.ブランドという言葉は,"焼き印を付けること"を意味する"burned"や"brandr"(古期スカンジナビア語)などから派生した用語であるといわれる[1),2),3)].当時の焼き印は現代のロゴマークなどに置き換わっていると考えれば,[ブランドづくり＝記号づくり]という解釈は間違っているわけではない.事実,"ブランド要素(ネーミングやロゴ,パッケージ,広告表現)を選択・統合・伝達し,製品を識別・差別化する行為"という意味でブランディングという言葉を用いる研究者や実務家は少なくない.ただし,[Selling → Marketing → Branding]という文脈におけるブランディングは,"記号づくり"という意味合いではなく,"関係性づくり"という意味合いで用いられている.

顧客にとってブランドとは

　前項で"ブランドとは顧客に対する約束である"と述べた．ここで一つ疑問が生じる．その疑問とは，"顧客に対して自社は何を約束すればよいのか？"である．

　筆者は企業向け講演の中で聴講者に対して上記の質問をする場合が多い．このとき，最も多い回答は"高品質を約束する"，"技術力を約束する"，"高い技術力に裏打ちされた高品質な製品の提供を約束する"というものである．TQMにおいて"品質保証とは，取引において取引の対象となる品質の取扱いについての売り手側から買い手に対する約束"という概念規定があることから，一見すると"高品質を約束する"といった表現は約束として成り立つように見えるかもしれない．しかし，残念ながら，これはブランドマネジメントの立場から見た場合の"約束"としては十分ではない．B2CとB2Bからそれぞれ一つずつ例を挙げて考えてみたい．

　シャンプーを例に挙げてみよう．私たちは日常生活の中でごく普通にシャンプーを使用している．しかし，シャンプーを購入するために生きているわけではないことはいうまでもない．"汚れを落としたい"，"バスタイムを楽しみたい．だから，きれいなボトルデザインのシャンプーをお風呂場に置き，空間にアクセントをつけたい"，"親と一緒の銘柄を使うのは嫌だ．特に，自分が好きな空間には自分用のアイテムも飾っておきたい．だから，自分の個性に合ったイメージやデザインをもったシャンプーをお風呂場に置いておきたい"等，何らかのゴールを実現するための手段としてシャンプー

2.3 顧客にとってブランドとは

は消費されている．上記の例から，同じジャンルの商品であっても，異なる目的のもとで受容されていることもわかる．

また，B2Bにおける例として建設機械を考えた場合，顧客企業は建機を購入するために事業を営んでいるわけではないことは自明である．顧客企業のゴールは"自社の企業価値を向上させること"であり，建機そのものはこのゴールの実現にかかわる要素の一つにすぎない．建機メーカは，建機そのものの品質を今後更に向上させていくことが求められることはいうまでもないが，それだけでは顧客ゴールの実現に自社が最も大きく寄与するうえでは必ずしも十分ではない．"顧客ゴールの実現に向けて，自社としていかに貢献するか？"，"顧客ゴールの実現にかかわるサプライヤーの中でも，自社の貢献度が最も高くあるためには，我々は製品を中核にしたうえで何を提供すべきか？"という発想が求められる．

このように，B2C そして B2B を問わず，あらゆる製品・サービスの使用は顧客にとって目的ではなく，手段である．品質保証でいうところの約束は，"品質の取扱いについての約束"であるのに対し，ブランドマネジメントでいうところの約束は，"顧客のゴール実現についての約束"である．両者の違いを強調するためにあえて極端ないい方をすれば，"顧客は製品に対価を支払っているのではなく，顧客は顧客自身の目的を実現するために対価を支払っている"ということになるかもしれない．製品を通じて，品質を通じて，技術を通じて，イメージを通じて実現される"顧客のゴール"に対価を支払っているのだという考え方はかなり風変わりに映るかもしれないが，新たな魅力的品質の要素をゼロベース思考で編み出

すうえでは有効なのではないかとも思われる．我々のビジネスは，顧客から対価を得てはじめて成り立っているのだから，対価を得るためにブランドが顧客に約束すべきポイントとして，"我々は顧客のどのようなゴールを実現するのか"という点を外すことはできない．したがって，"自社製品を通じて，顧客は何を実現しているのか？"という高い問題意識が強く求められよう．なお，このようなブランドマネジメントの考え方は，TQMにおける"よい品質とは，ユーザの使用目的を満たすこと"，"品質とは，使用適合性である"という品質概念の定義と相反するものではないと思われる．

2.4　まとめ：良好な顧客関係性構築に向けた要件

　以上を整理すると，顧客に対して企業が約束すべきことは，"自社ブランドは顧客の○○というゴールを実現します"ということであり，これを長期にわたって果たし続けることが，良好な関係を構築するうえで重要だといえよう（表2.3）．わかりやすくいえば，"あなたのゴール実現は我々なくしてあり得ない"という強力な存在理由を長期にわたって約束することが重要なのだ．では，顧客から見た自社存在理由をどのように表せばよいのだろうか．次章では，存在理由を表現する基本的枠組みについて検討する．

2.4 まとめ：良好な顧客関係性構築に向けた要件

表 2.3 良好な顧客関係性構築に向けたポイント

---

1. ブランドマネジメントの底流に流れる考えは……
   長期にわたって顧客と良好な関係を構築すること

2. ブランドとは……
   顧客に対する約束であり，
   顧客にとってブランドとは顧客自身のゴールを実現する
   ための手段である

3. 関係性構築に向けて重要なことは……
   ゴール実現手段として自社ブランドがふさわしいことを
   長期にわたって約束し続けること

/ コラム /

ブランドマネジメントの現状

　顧客関係性構築を重視する考え方を受けて，売り方やビジネススキームを革新した事例として amazon など一部の先見性ある企業が挙げられる．しかしその一方では，単なる"イメージ管理"にとどまってしまっているブランドマネジメントも少なくない．これは，"ブランドの価値は，どこに蓄積されるか？"という問いに対するブランド研究者の考え方に起因すると思われる．

　"ブランド・エクイティ"(Aaker, 1995) や，"ブランド知識"(Keller, 1998) など表現の違いはあるが，これら主要なブランド研究者は"ブランドの価値は顧客の心の中に蓄積される"と考えていた．それゆえ実際のブランドマネジメント実務では，顧客のパーセプション(perception, 知覚)に焦点を当て，"ブランド・アイデンティティ（企業が意図するブランド像）"と"ブランド・イメージ（顧客及び見込み客が受容した実際のブランド像）"のギャップを埋めること[4),5),6)]が中心的課題としてとらえられる場合が少なくない（図2.4）．その場合，"顧客及び見込み客の'ブランドに対する認識'をいかに管理するか"ということがブランドマネジメントの最大の関心事となり，その活動の担い手は，主として広告宣伝部やマーケティング部にとど

まる傾向がある．様々な利害関係者により成り立っている今日の企業経営環境において，よき理解者づくりは不可欠であることから，良好なイメージ形成，良好なパーセプションの獲得は重要なことではある．しかし，このことが，"ブランドマネジメント＝イメージのマネジメント"という認識を生み，さらに，"ブランド開発＝イメージ形成のための記号の開発（ロゴマークなどブランド要素の開発）"という狭い解釈につながっていると思われる．なお，本書におけるブランドマネジメントの考え方は上記のものとは一線を画している．

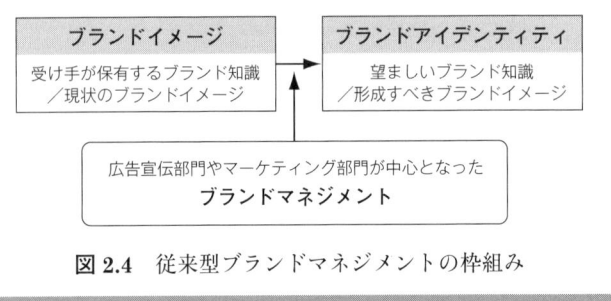

図 2.4 従来型ブランドマネジメントの枠組み

引用・参考文献

1) 小川孔輔 (1994)：ブランド戦略の実際，pp.13–33，日経文庫
2) 企業法制研究会編著 (2002)：ブランド価値評価研究会報告書，経済産業省
3) 青木幸弘 (1999)：ブランドビルディングの時代—事例に学ぶブランド構築の知恵—，pp.14–32，電通
4) Aaker, D.A. (1995)：*Building Strong Brand,* Free Press. ［陶山計介，小林哲，梅本春夫，石垣智徳訳 (1997)：ブランド優位の戦略，pp.2–45，ダイヤモンド社］
5) Keller, K.L. (1998)：*Strategic Brand Management,* Prentice Hall. ［恩蔵直人，亀井明宏訳 (2000)：戦略的ブランド・マネジメント，pp.124–171，東急エージェンシー］
6) 小林哲，高嶋克義 (2005)：組織行動がブランド・マネジメントに与える影響〜資源ベース理論の適用可能性に関する考察〜，季刊マーケティングジャーナル，No.98, pp.20–37

第3章 コンセプトを表現する基本的枠組み：ブランド・プロポジション

本章では，顧客から見た自社の存在理由を表現する枠組みについて考えてみよう．ここで一つ注意していただきたいことは，"何のための自社存在理由か？"という点である．その答えを一言でいえば，"顧客によって自社が選ばれ続けるため"であろう．"選択"という意思決定がかかわってくることから，筆者は存在理由を作る際に意思決定科学の知見を援用した"ブランド・プロポジション"と呼ばれる枠組みを積極的に用いている．この枠組みを概説するに先立ち，その基礎となっているH.A. Simonの意思決定モデルについて理解を深めよう．

3.1 人間の意思決定原理

人間の意思決定原理については，意思決定科学分野から様々なモデルや考え方が提唱されているが，その中でも広く受け入れられ，現在も幅広く用いられているモデルとして，1970年代にノーベル経済学賞を受賞したH.A. Simonのモデルが挙げられる．本書としても，同モデルを用いて，顧客から見た自社存在理由の表現形式について考えてみたい．Simonによれば，人間の意思決定は次の3ステップから構成される（表3.1）[1]．

表 3.1 意思決定メカニズムの3ステップ

Step 1	目標の設定
Step 2	目標と現状の差異の認識
Step 3	差異を埋めるための手段行使

Step 1　目標の設定

最初のステップは，"目標の設定"である．人間の意思決定においてすべてに先立つものは目標の設定であるという考え方は，"ブランドとは顧客のゴールを実現するための手段である"という本書の考え方に合致している．

Step 1

【現状態】

【理想状態】
目標

【手段行使】

――― 人間の意思決定メカニズムの特徴 ―――
Step 1　目標の設定
Step 2　現状と目標との間の差異の認識
Step 3　差異を埋めるための手段行使

図 3.1　Step 1　目標の設定

Step 2　目標と現状の差異の認識

次のステップは，目標と現状の差異を認識することである．このとき，"設定した目標"と"現在の状態"に大きな違いがなけれ

ば，両者の差を埋めようという動機付けは生まれない．このことは，自社のブランドが何らかの理想状態を顧客に提案した際に，顧客から見てその理想状態が自身の現状と大きく違うものでない場合，自社ブランドを購入する動機は生まれないということになる．別の見方をするならば，こちらから顧客に対して何らかの理想状態を提案するとき，今の顧客の置かれた状況との比較において，顧客自身が差異を認識できるレベルで提案しなければならないことを示唆している．

Step 2

【現状態】　現状　⇔　【理想状態】　目標

【手段行使】

―― 人間の意思決定メカニズムの特徴 ――
Step 1　目標の設定
Step 2　現状と目標との間の差異の認識
Step 3　差異を埋めるための手段行使

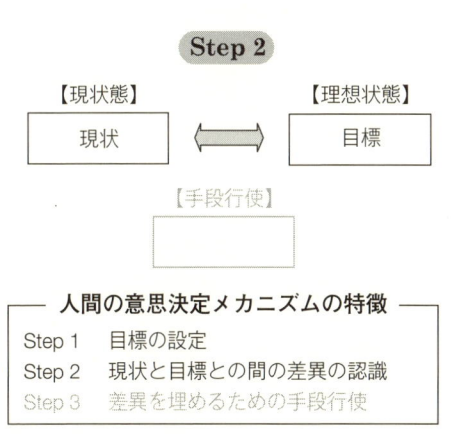

図 3.2　Step 2　現状と目標との間の差異の発見

Step 3　差異を埋めるための手段の行使

最後のステップは，何らかの手段の行使である．手段を行使するのは，目標と現状の差異を埋めるためである．当然のことながら，選択される手段は，差異を埋めるのにふさわしいものになっていなければならない．このことは，自社ブランドとして，なぜその理想

状態を実現できるのかという理由や根拠をもっていなければならないことを意味している．

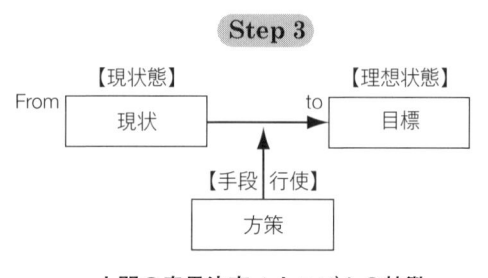

Step 3

```
       【現状態】              【理想状態】
From  ┌──────┐    to   ┌──────┐
      │ 現状 │─────────→│ 目標 │
      └──────┘          └──────┘
             ↑
        【手段│行使】
         ┌──────┐
         │ 方策 │
         └──────┘
```

―― 人間の意思決定メカニズムの特徴 ――
Step 1　目標の設定
Step 2　現状と目標との間の差異の認識
Step 3　差異を埋めるための手段行使

図 3.3　Step 3　差異を埋めるための手段の行使

以上が，Simon が提唱する意思決定原理である．実にシンプルかつ明快なこの考え方を用いて，次節では，顧客の購買意思決定行動に適用してみよう．

3.2　ブランド・プロポジション：顧客から見た自社存在理由

前節で述べた Simon の意思決定原理を，顧客の購買行動に適用したものを図 3.4 に示す．同図は，①理想状態（＝自社あるいは自社商品によってもたらされる顧客の理想状態），②現状態・前状態（＝自社あるいは自社商品に出会う以前の顧客の状態，あるいは，自社あるいは自社商品がこの世からなくなってしまった場合に顧客が直面する状態），③実現根拠・理由（自社あるいは自社商品

3.2 ブランド・プロポジション：顧客から見た自社存在理由

```
                【②現状態】                        【①理想状態】
From  ┌──────────────┐    to   ┌──────────────┐
      │ 顧客が       │ ──────▶ │ 顧客が       │
      │ 我々のブランド価値を    │ 我々のブランド価値を
      │ 享受する前の状態 │        │ 享受した後の状態 │
      └──────────────┘         └──────────────┘
                    【③実現｜根拠】
                    ┌──────────────┐
                    │ 我々のブランドが │
                    │ 理想状態を      │
                    │ 提供できる根拠   │
                    │ ＝コアコンピタンス│
                    └──────────────┘
```

―― ブランド・プロポジション ――
Brand-proposition

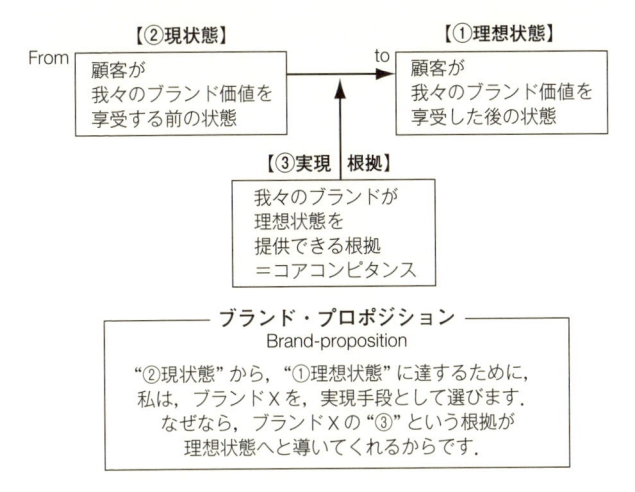

"②現状態"から，"①理想状態"に達するために，
私は，ブランドXを，実現手段として選びます．
なぜなら，ブランドXの"③"という根拠が
理想状態へと導いてくれるからです．

図 3.4 ブランド・プロポジション基本形

が，先の理想状態を実現できる理由・根拠）という三つの要素から構成される．これら三つの要素を適切に組み合わせることによって，顧客によって自社が選ばれ続ける理由が完成する．これこそが顧客から見た自社存在理由であり，筆者はこれを"ブランド・プロポジション"と呼んでいる．ブランド・プロポジション（Brand-proposition）を文字どおりに和訳すれば，"顧客及び見込み客に対するブランドからの提案"であるが，その最大のねらいは長期にわたる良好な顧客関係性の構築であることから，"自社が選ばれ続けるための，ブランドからの提案"ということになる．ブランド・プロポジションを設計することによって明らかになることを，以下図3.5を参考にポイントとして示す．

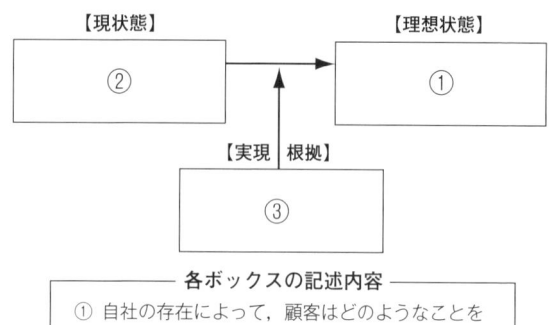

40　第3章　コンセプトを表現する基本的枠組み:ブランド・プロポジション

```
【現状態】                    【理想状態】
   ②            →              ①
                 ↑
            【実現｜根拠】
                 ③
```

― 各ボックスの記述内容 ―
① 自社の存在によって，顧客はどのようなことを実現できるのか
② もし，自社が存在しなかった場合，顧客はどのような状態にとどまってしまうことになるのか
③ なぜ，自社はそれを実現できるのか

図3.5 ブランド・プロポジション基本形に含まれる各ボックスの記述内容

ポイント1　顧客から見た存在意義の大きさ

一つ目のポイントは，"顧客から見た存在意義の大きさ"である．これは同枠組みにおいて，"①理想状態"と"②現状態"との差の大きさとして表れる．両者の差が大きいほど，顧客から見て自社はありがたい存在であり，極端にいえば，なくてはならない存在となる．逆のいい方をすれば，作りあげられたブランド・プロポジションにおいて①と②の間に大きな差異がない場合，自社の存在意義は大きくないことを意味する．

ポイント2　ゴール実現手段としての妥当性

二つ目のポイントは，"ゴール実現手段としての妥当性"である．①と②の差が大きいというだけでは自社が選ばれるうえで十分

ではない．理想状態を実現するための"③実現根拠・理由"がなければならないことはいうまでもない．自社と競合他社が類似した理想状態を顧客に提示している場合，どちらがより確実な理由・根拠をもっているかという勝負になる．さらにいえば，理想状態の内容だけでなく，実現根拠や理由も競合と大きく違わない場合，待ち受けているのは"どちらが安いか？"という価格競争だろう．

ポイント3　顧客から受け取る対価の大きさ

　三つ目のポイントは，"顧客から受け取る対価の大きさ"である．前項において，顧客は自身のゴール実現に対価を支払っていると述べた．このことから，ブランド・プロポジションとは，顧客が自社ブランドに対価を支払う理由を明文化したものであるといえる．さらにいうと，ブランド・プロポジションとは，"お金を払う理由"が示されているだけでなく，"金額の大きさ"をも示唆するものである．理想状態に記述される内容がターゲット顧客から見て魅力的なものであればあるほど，支払う対価が大きくなる．プレミアム対価をいただくにふさわしい理想状態をいかに設計するか，その設計力が問われることになる．

ポイント4　長期にわたる関係性維持の可能性

　最後のポイントは，"長期にわたる関係性維持の可能性"である．理想状態の内容の存続寿命といってもよいだろう．顧客との関係をどれだけ長く維持できるかということは，理想状態の内容の"持続性"にかかっている．ここまでのところで本書が最も強調

していることは，長期にわたる関係性の構築である．"長期にわたる"というからには，自社として顧客に示す理想状態はそれにふさわしい内容になっていなければならない．"達成されたから，関係はとりあえず完了"というような，短期で達成可能な理想状態の内容では関係が終わってしまう．理想状態の持続性は，その内容が顧客の目的構造全体にどれだけ深くかかわることができているかにかかっている．長期にわたって関係し続けるにふさわしい理想状態の内容を示したい．

【ポイント1：顧客から見た存在意義の大きさ】	【ポイント2：ゴール実現手段としての妥当性】
①と②のギャップは大きいか？	①を達成するうえで③は妥当か？
【ポイント3：顧客から受け取る対価の大きさ】	【ポイント4：長期にわたる関係性維持の可能性】
①は魅力的な内容か？	①は顧客ゴール全体に関係しているか？

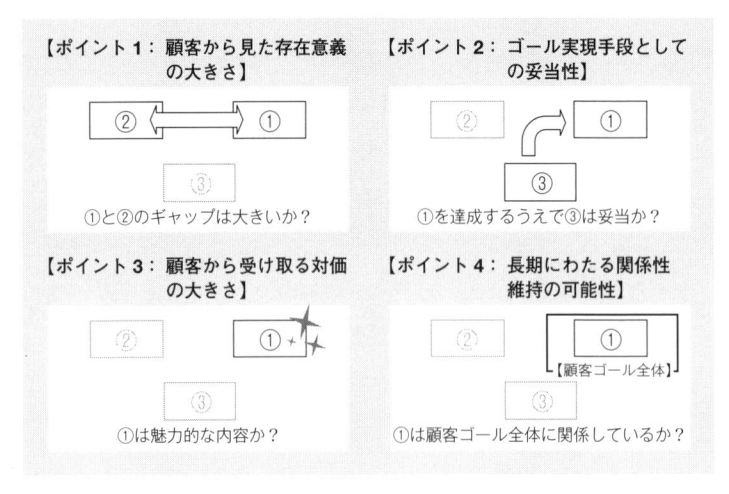

図 3.6 ブランド・プロポジション設計によって明らかになるポイント

3.3 まとめ

以上，本章では顧客から見た自社存在理由を表現する枠組みとして"ブランド・プロポジション"を紹介した．次章で述べる実際の

3.3 まとめ

ブランド・プロポジション設計事例に入る前に，第2章から本章までの要点をまとめておこう．

第2章では，今日のマーケティング実務が長期にわたる良好な顧客関係性の構築に重きを置いていること，関係性の基盤としての役割を担うものがブランドであること，そして，ブランドが約束すべきことは"顧客のゴール実現は，自社なくして成し遂げられない"という強い存在理由であり，これを長期にわたって約束し続けることが長期にわたる良好な顧客関係性をもたらすと述べた．この流れを受けて本章では，顧客から見た自社存在理由を表す枠組みとしてブランド・プロポジションを紹介した．［約束の内容＝顧客から見た自社存在理由］であることから，ブランド・プロポジションとはまさに約束の内容を明文化したものといえる．

さらにいえば，ブランド・プロポジションは単に"約束を明文化したもの"という包括的ないい方にとどまらない．本章の3.2節で述べたとおり，ブランド・プロポジションとは，①顧客から見た自社の存在意義の大きさを表し，②顧客が自社を選ぶことの妥当性を明記したものであり，③自社に対して顧客が支払う対価の大きさを示唆するものであり，④顧客と自社の関係性維持の可能性を示すものである（表3.2）．やや極端ないい方ではあるが，"企業のすべての戦略的行動は，ブランド・プロポジション設計から始まる"と筆者は考えている．

表 3.2 ブランド・プロポジションとは

約束の内容を明文化したもの
① 顧客から見た自社の存在意義の大きさを表したもの
② 顧客が自社を選ぶことの妥当性を表したもの
③ 自社に対して顧客が支払う対価の大きさを表したもの
④ 顧客と自社の関係性維持の可能性を表したもの

引用・参考文献

1) Simon, H.A.(1977): *The New Science of Management Decision*, Prentice Hall.［稲葉元吉・倉井武夫訳(1979)：意思決定の科学，産業能率大学出版部］

第4章 事例：ブランド・プロポジションの効用

本章ではブランド・プロポジションを実際に用いた事例として，テキスタイル（B2B）とヘアサロン（B2C）を取りあげる．いずれの事例も，ブランド・プロポジション設計後に組織的な取組みを展開していることに注目していただきたい．

4.1 B2B 事例（テキスタイル）

(1) 当時の状況

愛知県尾張西部地域におけるテキスタイル産業集積地域（以後"尾州繊維産地"と呼ぶ）は，世界を代表するウール産地の一つとして知られている．しかし，"各社の技術力向上による，製品間品質格差の縮小"，"中国企業の台頭・デフレ圧力による，製品価格の下落"，"消費者ニーズ多様化による，製品ライン多様化及び製品ラインあたり数量の激減"などによって，かつてはテキスタイル産業をリードしてきた尾州繊維産地は，最盛期の3割近いテキスタイル企業が廃業に追い込まれるという厳しい状況に直面していた．この状況を見かねた愛知県庁及び関係機関は，テキスタイル商品のコモディティ化を回避し，価格競争から脱却する突破口を見出すことを目的として，2003年8月に"尾州ブランド研究会"を発足さ

せ，尾州繊維産地のブランド化に向けた検討を行うことになった．発足当初は，ネーミング開発，ロゴ開発，斬新な試作品の製作などのいわゆるエポックメイキングなプロモーション施策に主眼が置かれようとしていたが，本件のコーディネータを務めた筆者としては長期にわたって今後の諸活動に指針を与える"拠り所"をまず確立すべきと考え，具体的な施策アイディアを導くことに先がけて尾州繊維産地のブランド・プロポジションを設計することから着手することにした．

(2) ブランド・プロポジション設計

尾州産地企業のブランド・プロポジションを設計するにあたり，本研究会に参画する各社のトップマネジメントともに全4回にわたるワークショップが開催された．ワークショップでは，①産地企業各社が有する経営資源を俯瞰し（＝経営資源の棚卸し），②これらを組み合わせて（＝経営資源の総合化），③尾州企業独自のブランド・プロポジションとして表すことを試みた．その際，彼ら当事者の先入観や思い込みを極力排し，ゼロベース思考でプランニングするための思考ツールとして"VTree（バリュー・ツリー）"を活用した．なお，VTreeを用いた思考プロセスの詳細は第6章で解説する．

ワークショップを通じて描かれたVTreeを図4.1に示す．同図から，尾州繊維産地企業の特筆すべき能力は"アパレルデザイナーのクリエイティビティを触発する力"であり，この能力は四つの特徴によって下支えされていることがわかる．そして，"尾州繊維産

4.1 B2B 事例（テキスタイル）

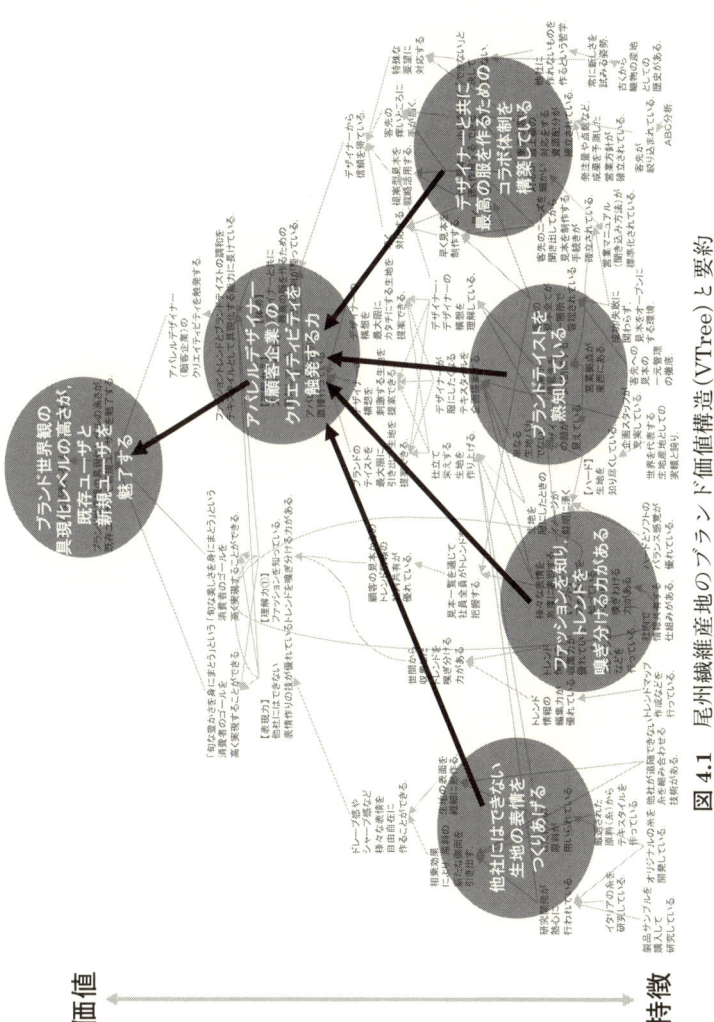

図 4.1 尾州繊維産地のブランド価値構造 (VTree) と要約

価値 ←→ 特徴

地の［アパレルデザイナーのクリエイティビティを触発する力］が，顧客企業（アパレル企業）とエンドユーザの関係をさらに強固にする"というありたい姿の実現に大きく寄与していると結論づけられた．以上の検討をもとに，図4.2に示すブランド・プロポジションが設計され，同プロポジションを端的に表現したワン・フレーズを"触発保証"とすることに決定した（図4.3）．

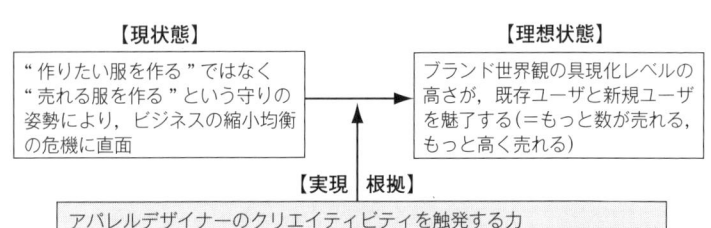

【現状態】
"作りたい服を作る"ではなく"売れる服を作る"という守りの姿勢により，ビジネスの縮小均衡の危機に直面

【理想状態】
ブランド世界観の具現化レベルの高さが，既存ユーザと新規ユーザを魅了する（＝もっと数が売れる，もっと高く売れる）

【実現｜根拠】
アパレルデザイナーのクリエイティビティを触発する力
・他社にはできない表情づくりの技術が優れている
・ファッションを知っている，トレンドを嗅ぎ分ける力がある
・ブランドテイストを熟知している
・デザイナーと共に最高の服を作るためのコラボ体制が整っている

──────【ブランド・プロポジション】──────
デザイナーのインスピレーションを最大限に活かすために，私たちアパレルは，尾州産地ブランドを，その到達手段として選びます．
なぜなら尾州産地ブランドは，
① 他社にはできない表情づくりの技術が優れている
② ファッションを知っている，トレンドを嗅ぎ分ける力がある
③ ブランドテイストを熟知している
④ デザイナーと共に最高の服を作るためのコラボ体制が整っている
という4点から，ファッショントレンドとブランドテイストの融合をテキスタイルとして具体化する能力を実現手段として有しているからです．

図4.2　尾州繊維産地ブランド・プロポジション

(3) 効果の確認

ブランド・プロポジションの効果は，これを設計した5か月後の

4.1 B2B事例（テキスタイル)　　49

ジョイント・尾州　：触発保証
JOINT BISHU
のアイデンティティ

インスピレーションを刺激する，かたち．
華麗，繊細，豪華，斬新…，これらの最上級の表情を表す，かたち．

一朝一夕では成し得ないこれらのかたちを，ジョイント・尾州は提供することができます．
世界のファッショントレンドを熟知していること，
ファッションブランドそれぞれのブランドテイストを知り尽くしていること，
そして歴史に裏付けられた最高水準の技術力．
これらの力を融合し，優れたテキスタイルを発していくブランドが，ジョイント・尾州です．

ジョイント・尾州ブランドは，デザイナーの皆様のクリエイティビティへの触発を保証します．
さらに，デザイナーの皆様とともに世界のファッション価値の創造を行う，
新しい時代の視点をもつ融合的ブランドをめざしていきます．

価値ある創造への"触発保証"こそが，ジョイント・尾州のブランドのアイデンティティなのです．

JOINT BISHU

図 4.3 尾州繊維産地ブランドステートメント

商談会で早速表れた．設計後に初めて開催した"ジョイント尾州春夏東京展"では，顧客及び見込み客に対して配布したパンフレット等にブランド・プロポジション内容を大きく打ち出し，また，尾州各社の営業もブランド・プロポジション内容を前面に出したうえで商談に臨んだ．その結果，来場数及生地サンプルリクエスト件数ともに前回比大幅増を記録した．この展示会で主催者が実施した来場者アンケートでは，"コンセプトがわかりやすい"，"我々アパレルに対して何を提案してくれるのか期待感が高まった"といった評価をいただいた．その翌年にフランスで開催した"第1回ジョイント尾州パリ展示商談会"ではフランスの高級アパレルブランドと商談が成立するなど，日本のアパレル各社に対するプレゼンス向上に貢献する成果を上げた．その後も，2006年9月に開催した第3回ジョイント尾州パリ展示商談会で仏伊メジャーブランドなど

47社から715点のサンプル請求を受けており（前回比112％），海外アパレルブランドに対するビジネス活動は確実に伸張を見せている．また，2006年11月に開催した第6回ジョイント尾州秋冬東京展では，過去最高の来場者（1,097名，前回比123％）を記録し，その内訳は百貨店，セレクトショップ，専門店，大手アパレル，SPA（製造小売り），デザイナーズキャラクター系アパレル，商社・生地問屋など顧客セグメントのほぼ全領域を集めることに成功した．生地サンプル請求件数も8,375点（前回比161％）に達し，極めて順調に推移している．現在では，欧州の高級アパレルブランドに対して継続的にテキスタイルを供給するに至った産地企業も現れ，2008年4月には，本件に参画した企業数社が新たな法人を立ち上げ，さらなる積極的攻勢に打って出ている．

（4） 残された問題と今後の取組み

ブランド・プロポジションは，単なる対顧客メッセージにとどまるべきものではない．ブランド・プロポジションは，顧客に対してメッセージを発信する際の基礎になるだけでなく，今後のさらなるブランド発展に向けた事業強化の方向性を示すものである．

前項で述べたとおり，ブランド・プロポジションに対する顧客企業の評価は上々ではあり，尾州に対する高い期待を獲得するうえで十分な内容になったと思われる．しかし，この状況を喜んでばかりはいられない．"触発保証"というブランド・プロポジションを掲げるならば，それを保証するにふさわしい経営の実体を伴っている必要があることは明らかである．

4.1 B2B事例（テキスタイル）

ブランド・プロポジション設計後に開催されたトップマネジメントとのワークショップでは，今後のさらなるブランド・プロポジションの高度実現に向けて尾州繊維産地企業が価値保証システムを確立することの重要性が議論された．例えば，ブランド・プロポジションの実現には，図 4.4 に示す各能力を尾州繊維産地の各社が高める必要があるという議論から，これらの能力を大きく括った三つ

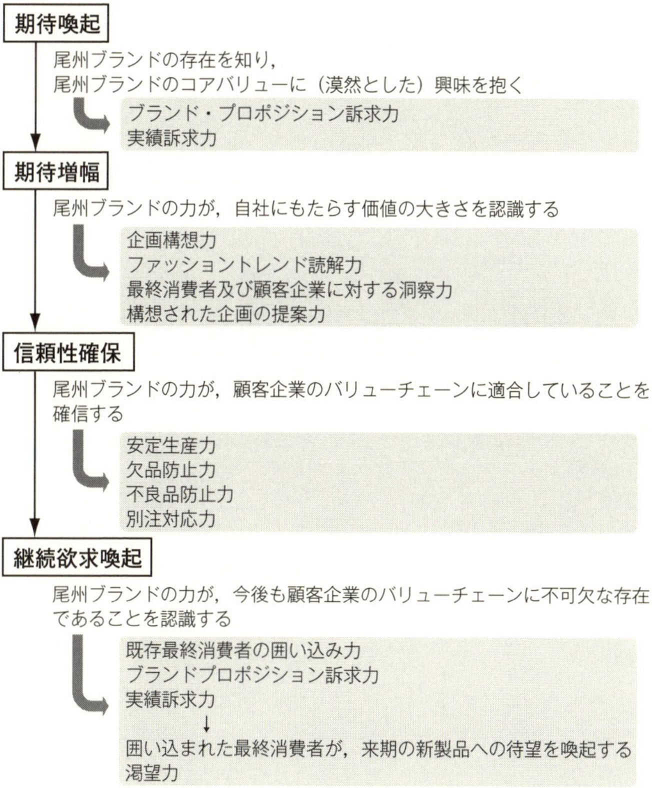

期待喚起
↓ 尾州ブランドの存在を知り，
尾州ブランドのコアバリューに（漠然とした）興味を抱く
↳ ブランド・プロポジション訴求力
　 実績訴求力

期待増幅
↓ 尾州ブランドの力が，自社にもたらす価値の大きさを認識する
↳ 企画構想力
　 ファッショントレンド読解力
　 最終消費者及び顧客企業に対する洞察力
　 構想された企画の提案力

信頼性確保
↓ 尾州ブランドの力が，顧客企業のバリューチェーンに適合していることを確信する
↳ 安定生産力
　 欠品防止力
　 不良品防止力
　 別注対応力

継続欲求喚起
↓ 尾州ブランドの力が，今後も顧客企業のバリューチェーンに不可欠な存在であることを認識する
↳ 既存最終消費者の囲い込み力
　 ブランドプロポジション訴求力
　 実績訴求力
　 ↓
　 囲い込まれた最終消費者が，来期の新製品への待望を喚起する渇望力

図 4.4 ブランド・プロポジションの高度実現に向けた"高めるべき能力"

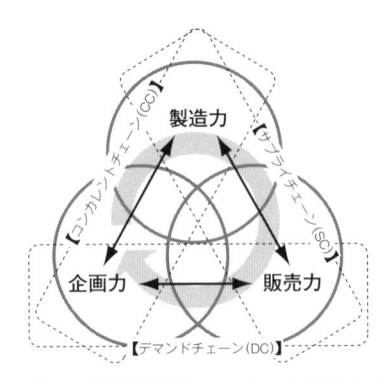

図 4.5 ブランド価値保証システムを構成する 3 領域

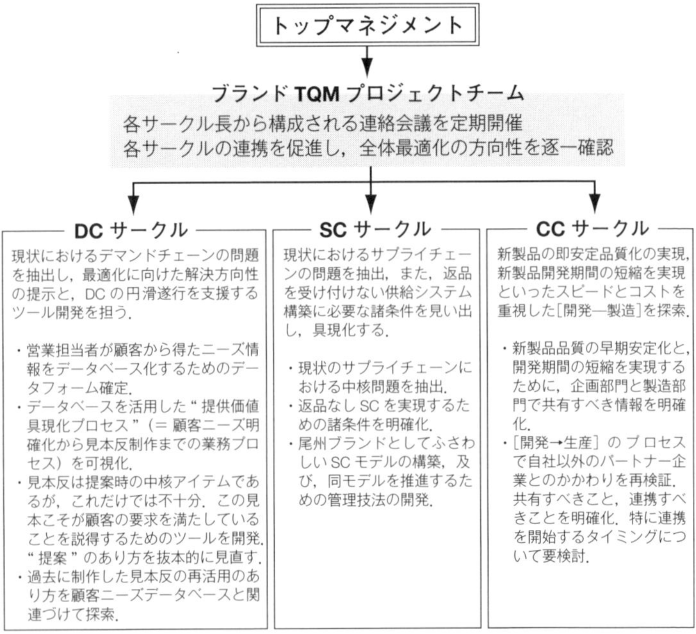

```
トップマネジメント
     │
ブランド TQM プロジェクトチーム
各サークル長から構成される連絡会議を定期開催
各サークルの連携を促進し，全体最適化の方向性を逐一確認
```

DC サークル

現状におけるデマンドチェーンの問題を抽出し，最適化に向けた解決方向性の提示と，DC の円滑遂行を支援するツール開発の担う．

- 営業担当者が顧客から得たニーズ情報をデータベース化するためのデータフォーム確定．
- データベースを活用した"提供価値具現化プロセス"(=顧客ニーズ明確化から見本反制作までの業務プロセス) を可視化．
- 見本反は提案時の中核アイテムであるが，これだけでは不十分．この見本こそが顧客の要求を満たしていることを説得するためのツールを開発，"提案"のあり方を抜本的に見直す．
- 過去に制作した見本反の再活用のあり方を顧客ニーズデータベースと関連づけて探索．

SC サークル

現状におけるサプライチェーンの問題を抽出，また，返品を受け付けない供給システム構築に必要な諸条件を見い出し，具現化する．

- 現状のサプライチェーンにおける中核問題を抽出．
- 返品なし SC を実現するための諸条件を明確化．
- 尾州ブランドとしてふさわしい SC モデルの構築，及び，同モデルを推進するための管理技法の開発．

CC サークル

新製品の即安定品質化の実現，新製品開発期間の短縮を実現といったスピードとコストを重視した[開発―製造]を探索．

- 新製品品質の早期安定化と，開発期間の短縮を実現するために，企画部門と製造部門で共有すべき情報を明確化．
- [開発→生産] のプロセスで自社以外のパートナー企業とのかかわりを再検証．共有すべきこと，連携すべきことを明確化．特に連携を開始するタイミングについて要検討．

図 4.6 ブランド・プロポジション高度実現に向けた TQM 体制

の領域のそれぞれを高めていかなければならないという見解に至った（図4.5）．そのための体制として図4.6に示す各社一丸となった取組みが構想され，2004年8月からは尾州ブランド構築事業実行委員会が発足後も高度な価値保証システムの確立に向けた取組みが継続して行われている．

4.2　B2C事例（ヘアサロン）

(1) プロジェクト発足当時の状況と課題

対象となるヘアサロン企業は，"名古屋巻き"と呼ばれる独自の巻き髪スタイルを提唱し，各種女性誌で大きく取りあげられるなど一時は一世を風靡した．しかし，その後はヘアスタイルのトレンドがナチュラル志向へと移り，同社が編み出したヘアスタイルは徐々にかつての勢いを失っていった．同社のメディア露出量は次第に減り，新たな競争優位の確立を迫られていた．

また，一般的にヘアサロンの顧客は，サロンそのものに対してというよりも，スタイリスト個人に対してロイヤルティをもつ傾向があるといわれている．同社としては店舗の違いやスタイリストの流入出の影響を受けることなく，ヘアサロンそのものの価値を高める考え方を欲していた．本件の最大の課題は，サロンそのものの顧客から見た価値を高めることに向けて，そのための立脚点を抽出することであった．

（2） ブランド・プロポジション設計

本件に取り組むにあたり，同社のトップマネジメントはプロジェクトチームを発足した．プロジェクトに参画したメンバーは，名古屋と東京を中心とする4店舗のスタイリストや技術者などの現場スタッフと，各店舗のマネジャーである．さきのテキスタイル事例と同様の手続きで，VTreeを用いたワークショップを開催し，ブランド・プロポジションの設計が試みられた．

ワークショップを通じて描かれたVTreeを図4.7に示す．その後，ブランド・プロポジション（図4.8）と，このプロポジションを文章化した"ブランド・メッセージ"がプロジェクトメンバーとともに策定された（図4.9）．これらは役員会議の場で報告され，社内コミュニケーション用として用いられることが決まった．

（3） 効果の確認

その後，同社ではブランド・プロポジションをもとにした組織能力向上の取組みが活発に行われた．当時，ブランド・プロポジションに記された内容は，店舗やスタッフの違いによって実現の程度が異なっていた．つまり，ブランド・プロポジションをすべての店舗が完璧に保証できているとは必ずしもいえない状況にあった．そこで，ブランド・プロポジションの高度実現に向けた全社的活動が始まったのであるが，最も興味深かったことはこの活動が同社の上層部による強制で行われたのではなく，現場レベルかつ部門横断型でスタッフが主体的に取り組んだことである．

図4.10は筆者も出席したスタッフ会議において，今後の組織能

4.2 B2C 事例（ヘアサロン）

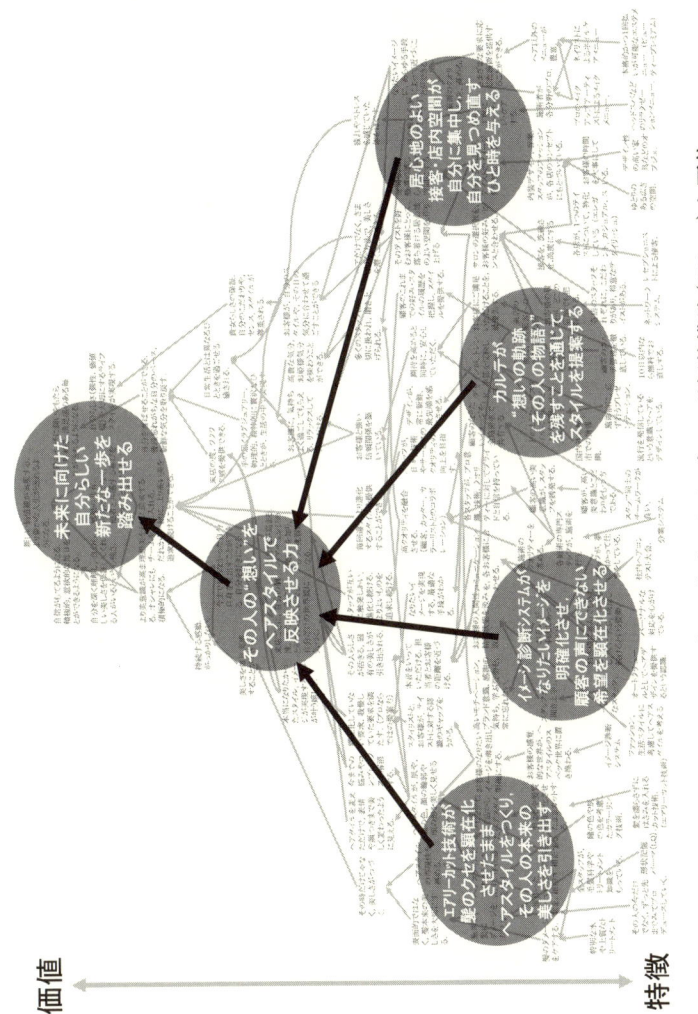

図 4.7 ワークショップにて作成されたブランド価値構造 (VTree) と要約

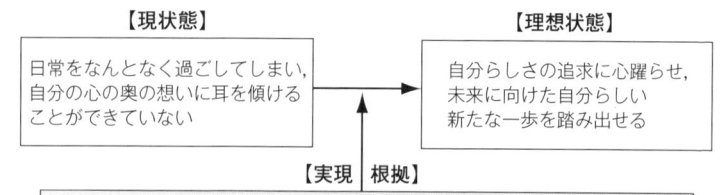

第4章　事例：ブランド・プロポジションの効用

【現状態】
日常をなんとなく過ごしてしまい，自分の心の奥の想いに耳を傾けることができていない

【理想状態】
自分らしさの追求に心躍らせ，未来に向けた自分らしい新たな一歩を踏み出せる

【実現｜根拠】

その人の"想い"をヘアスタイルで反映させる力
・エアリーカット技術が髪のクセを顕在化させたままヘアスタイルをつくり，その人の本来の美しさを引き出す
・イメージ診断システムがなりたいイメージを明確化させ，顧客の声にできない希望を顕在化させる
・カルテが"想いの軌跡（その人の物語）"を残すことを通じて，スタイルを提案する
・居心地のよい接客・店内空間が自分に集中し，自分を見つめ直すひと時を与える

【ブランド・プロポジション】

自分と向き合う悦びを感じることによって，新たな自分の可能性への躍動を手に入れるために，私はこのヘアサロンを選びます．なぜなら，このヘアサロンは，
・エアリーカット技術が髪のクセを顕在化させたままヘアスタイルをつくり，その人の本来の美しさを引き出す
・イメージ診断システムがなりたいイメージを明確化させ，顧客の声にできない希望を顕在化させる
・カルテが"想いの軌跡（その人の物語）"を残すことを通じて，スタイルを提案する
・居心地のよい接客・店内空間が自分に集中し，自分を見つめ直すひと時を与える
という4点から，私の"想い"をヘアスタイルで反映させる力を実現手段として有しているからです．

図 4.8　ヘアサロンブランド・プロポジション

力及び経営資源の開発方向性について議論した際に筆者が参加者たちと一緒に作成したものである．この図は，自分たちが掲げたブランド・プロポジションを確実かつ高度に提供するために，自分たちはどのような能力を今後更に高めていくべきかという構想を表したものである．ブランド・プロポジションの理想状態内容を最上位に

4.2 B2C 事例（ヘアサロン）

あなただけの，物語を綴る時間

髪は，その人の真実を物語っている．

"あんなふうになりたい"と思い，誰かを真似てみたところで，
そっくり同じになることはできない．
そう，髪は服のように，着せ替えることはできません．
表面的なファッションではありません．
決して同じ姿には止まらず，日々変化しながら，
あなたの心を繊細にカタチづくっている唯一のもの，それが髪なのです．

過去，そして今も，あなたの真実を知っている髪．
ならば，髪を知り尽くした私たちこそが，
あなたの未来への一歩のお手伝いができると信じています．

これまでのあなたは，目の前の日常をなんとなく過ごし，
自分の心の奥の想いに，耳を傾けることができていなかったかもしれません．
髪を通じて，これまでのあなたの想いを共に紐解き，向き合うことが，
新たなあなたに出会うことを可能にする．
あなたが，自身を見る目が変わり，
これからの新たな可能性に，心を躍らせるでしょう．

ここは，温かいスタッフが待ち受ける，あなたの秘密のアトリエ．
これまで，そしてこれからのあなたを余さず表現するヘアスタイルを創りあげる．
揺れる想いを，髪に投影させ，
それを綴り"あなただけの物語"に仕上げる場所．

それを可能にするのが，私たちオリジナルの技術とシステム．
写真を使うイメージ診断システムは，言葉にできないあなたの心をくみ取ります．
その心を，カット技術によって引き出した個性と融合させることで，
あなたの内面までを，美しいヘアスタイルで表現することができるのです．

出来上がったヘアスタイルは，
あなたの心，そしてあなた自身と向き合う喜びの履歴として，
特別丁寧にカルテにストックされ，物語は綴られていきます．

図 4.9 ブランド・プロポジションをもとに
文章化したブランド・メッセージ

位置づけ，この実現にかかわる能力と経営資源を下層にぶら下げていく様子が描かれている．例えば，"イメージ診断システム"というツールに関する議論を紹介しよう．このツールは顧客の感覚的な要求を，目に見える世界観の要素を介して，髪の仕上がりにかかわる具体的な要件の言葉に置き換える支援ツールであるが，従業員に

58　第 4 章　事例：ブランド・プロポジションの効用

理想状態

未来に向けた自分らしい
新たな一歩を踏み出せる

　【未来への意思を生み出す力】
　ヘアスタイルに
　未来への意思を反映させる

　　【希望を見える化する力】
　　顧客が言語にできない
　　希望やイメージを
　　ヘアスタイルに表現する

　　　変わりたいのか、
　　　留まりたいのか、
　　　お客様の"想い"を
　　　ヘアスタイルに表現する

　　　カットコースと
　　　デザイニングと
　　　メンテナンスにわかれている

　　　デザインシステム

　　　お客様の
　　　好きなイメージを
　　　スタッフと共有する

　　　カット後の
　　　イメージがわかる

　　　イメージ診断システム

　　【個性を具現化する力】
　　内面と外見の
　　個性を活かす

　　　ヘアスタイルを
　　　お客様それぞれの
　　　クセや骨格に合わせる

　　　ハサミが
　　　髪を濡らすことなく入る

　　　カット技術

　【過去を意味づける力】
　これまでの想いの歩みを
　見つめ直すひと時を過ごす

　　【過去の想いを汲み取る力】
　　過去のヘアスタイルから
　　その時の想いを振り返る

　　　過去の
　　　ヘアスタイルを
　　　振り返らせる

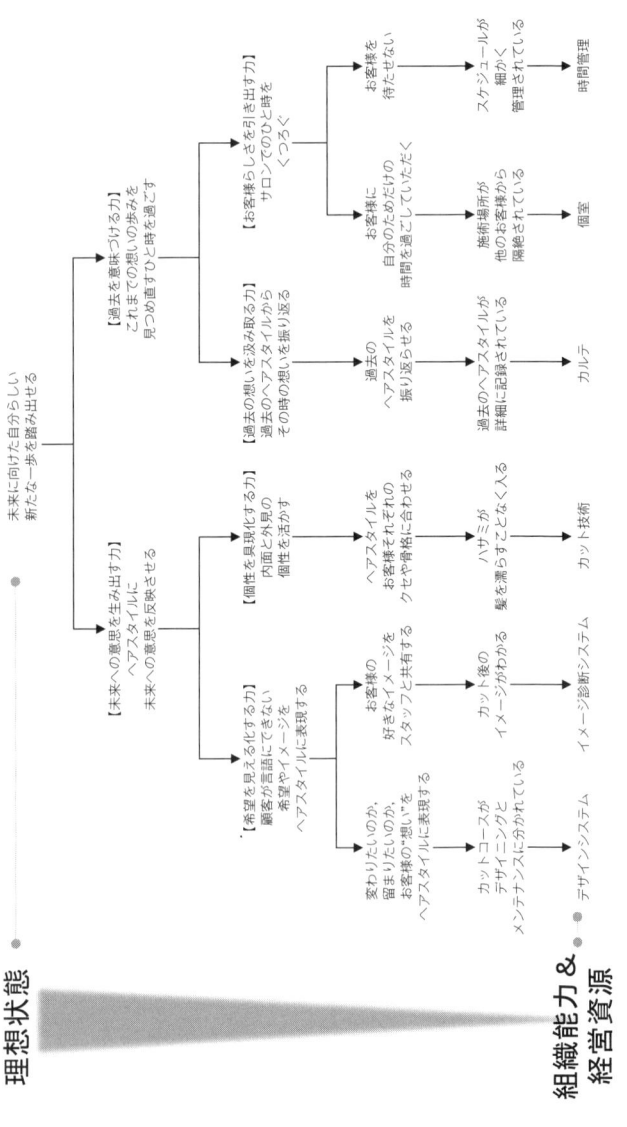

　　　過去のヘアスタイルが
　　　詳細に記録されている

　　　カルテ

　　【お客様らしさを引き出す力】
　　サロンでのひと時を
　　くつろぐ

　　　お客様に
　　　自分のためだけの
　　　時間を過ごしていただく

　　　施術場所が
　　　他のお客様から
　　　隔絶されている

　　　個室

　　　お客様を
　　　待たせない

　　　スケジュールが
　　　細かく
　　　管理されている

　　　時間管理

組織能力 ＆
経営資源

図 4.10　今後の更なる組織能力向上に向けた展開イメージ

よる活用は統一されておらず，"どのような能力を発揮するためのツールか？"という認識がばらついていた．スタッフ会議では，このツールが図中の役割として徹底されるためにはどのような手続きで活用されるべきかについて厳密化された．また，"顧客カルテ"についての議論としては，これまでは毎回のカット状況を無機質な文章で記載するレベルにとどまっていたが，"お客様本人がこれまでの歩み（髪型の履歴）を振り返り，自分らしさとは何かという自己認識を促進するためには，カルテに何が記載されているべきか"という観点から記載事項が再規定された．そして，これまでスタッフ用の書類として用いられていたカルテを顧客本人が担当スタッフとともに閲読して振り返るためのツールとして用いられることになった．このほか，同社では自分たちが掲げた顧客価値の高度な実現に向けて，パーマ技術やカット技術の新規開発や，カラーリングを支援する新規ツールの開発などに取り組んでいる．このように，"ブランド・プロポジションの高度実現に向けて，自社の経営資源を，どのような能力を発揮させるために活用するか？"，"ブランド・プロポジションのさらに高度な実現に向けて，今後，自社は新たにどのような能力を身につけるべきか？"といった議論がその後も継続的に行われている．

4.3 このほかの事例の簡単な紹介

本章で取りあげた二つの事例から，ブランド・プロポジションは企業レベル（コーポレート・レベル）の考察に有用だと思われた読者

もおられるかもしれないが，実際には企業レベルに限らず，事業レベル及び個別製品レベルでも有用である．またその目的は，新製品アイデアの導出や，顧客及び見込み客に対する製品価値訴求，サービス品質の向上など様々である．紙面の都合上，簡単な紹介にとどめるが，上記二つの事例とは異なるレベルの事例を以下で紹介しよう．

(1) 事業部レベルの研究開発テーマアイデアの導出

某化学メーカでは，同社の管材の製造と販売を担っている事業部が，今後どのような技術開発テーマに取り組むべきかについて検討していた．そこで，同事業部の開発部門から7人のメンバーが選抜され，延べ10回におよぶワークショップが開催された．

当該事業部が保有する技術資源をリストアップした後，VTree設計を経て，いくつかの主力製品についてブランド・プロポジションを設計した．これらの製品についてのこれまでの価値訴求は，主に施工業者に着目した"施工性"を前面に出していたが，施工業者のさらに先にいるゼネコンなどの元請を新たに考慮したうえでブランド・プロポジションを設計したところ，今後のこれら製品が備えるべき革新的な全18個の品質要素アイデアを導くことができた．これらの新規アイデアは，当該事業担当役員に報告され，テーマ化に向けた一層の検討が行われることとなった．

(2) 個別製品レベルのブランド価値訴求

某食品メーカは，同社が新たに開発したチョコレート新製品を消費者に対して価値訴求するにあたり，ブランド・プロポジションの

考え方に則ってブランド価値の内容を組み立てることを試みた．

設計されたブランド・プロポジションをもとに広告表現が組み立てられ，テレビ広告やウェブサイトなどの媒体を用いたコミュニケーション活動を展開した結果，チョコレート市場における200円代のセグメントにおいて，市場導入2年目にして第2位のポジションを獲得した．これは，競争の激しいチョコレート市場において異例の早さであり，非常に喜ばしいことだった．

その後，同製品はブランド・プロポジションの内容をさらに高度に実現すべく，品質機能展開（QFD）を用いて，新たな品質特性の開発と既存品質特性の高度化が行われ，現在も市場シェアを堅調に維持・向上させている．

(3) 製品の優位性を更に高めるためのサービス開発

某建機メーカは，圧倒的な高品質製品を武器に，昨今の資源ブームにも乗って既に業績好調であったが，更なる飛躍を目指すトップマネジメントは，新たにブランドマネジメントを導入し，顧客との関係性強化に取り組むためのプロジェクトを立ち上げた．

同社が保有する経営資源を棚卸しした後，VTree設計を経て，同社が目指す顧客関係性のありたい姿をブランド・プロポジションとして設計された．その後，ブランド・プロポジションをふまえて同社の実際の事例を収集して考察した結果，同社と顧客との関係性は7段階で表されるという見解が導かれた．同社では，関係性レベルを上げるための新たな問題解決手法を確立し，実際の業務における活動計画策定に活用している．このような取組みを通じて同社

のサービス品質向上の試みが継続して行われている．

4.4 まとめ

　以上，ブランド・プロポジションの考え方を導入することの効果について事例を交えて紹介した．各事例における一連の思考は，"そのブランドは要するに何を目指しているのか？"，"最終的にどこを目指しているのか？"という，ありたい姿を明確に定めることに重点を置いていることをご理解いただけると思う．そして，ありたい姿を基点として，"そのために自社は何をすべきか？　何を身につけるべきか？　どのような能力を高めるべきか？"という，自社内部の今後のあり方に考えが及んでいる．自社内部の今後のあり方についての検討では，TQM の優れた方法論がかかわっているであろうことを読者の皆さんは容易に想像できよう．ブランドが目指す"ありたい姿"を明確に定め，そして，その姿の実現に向けて自社の内部をさらに強化する．これこそ，本書が最も強調したい"ブランドマネジメントと TQM の融合"である．本章のポイントを理論的にまとめるという意味を含め，次章では企業経営においてブランドマネジメントを導入することの意義について考えてみたい．ブランドマネジメントの考え方は既存の CS 経営の考え方に新しい視点をもたらすと思われる．

第5章 CS経営にブランドマネジメントを導入する意義

5.1 CS経営とは

　CS経営とは,"お客様満足を組織的,計画的に,創り続ける経営"[1]をいい,要約してしまえば,お客様を第一に考える経営を意味する.具体的な主張としては,"顧客の声に耳を傾け,真のニーズをつかみ,その情報を製品サービスの改善や開発,経営の仕組みの改善に活かすことによって,高い提供価値を創出すること","顧客を基点に経営のクォリティの向上を図ること","顧客満足を経営システムの中軸に位置づけて,他のマーケティング戦略（例えば,製品サービス開発戦略や価格戦略等）と有機的に結びつけて経営をマネジメントすること","絶えず顧客の視点から経営をチェックする機能が組み込まれた手法","お客様側から客観的に経営を見て考え,お客様の完全な満足を追求する経営"など,顧客を中心に据えた経営の重要性が様々な研究者や実務家によって説かれている[1],[2],[3].これらの主張の根底には,顧客やエンドユーザの利益,便宜,好感を充足することこそが,結果としてその企業の収益に貢献するという共通した基本的考えがあるように思う.なお,CS経営は"顧客中心経営","顧客満足経営","CSM","お客様第一主義","お客様第一の経営"等といわれることもある.名称によって多少の違いはあるが以後,

これらを一括に"CS経営"として話を進めていく．様々な研究者や実務家がCS経営の重要性を説いているが，その大枠を示すと，図5.1のような概念図として表される[4),5)]．

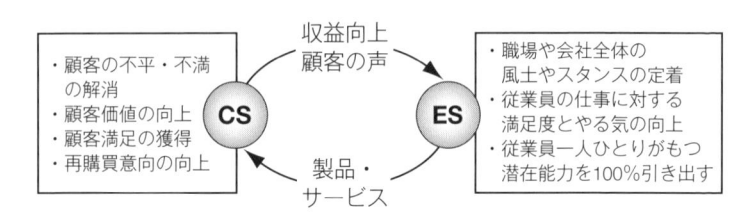

図5.1 CS経営の概要図

CS経営を構成する二大要素は，CS(Customer Satisfaction：顧客満足)とES(Employee Satisfaction：従業員満足)であり，両者の好循環が高いCSの獲得をもたらすと考えられている．CSの向上には，顧客の要望を従業員自らが考え行動する風土が必要であり，そのためには従業員が各人の仕事に充実感を感じて生き生きと働くことができるような組織でなければならない[6)]．ESの向上は，従業員一人ひとりがもつ潜在能力を引き出すことを可能にし，優れた製品・サービスの提供を可能にする．その結果は高いCSとして結実する．つまり，ESの向上がCS向上には必要であると考えられている[2)]．一方，高いCSは顧客の喜びの声や収益向上というカタチに表れ，従業員にフィードバックされる．このフィードバックが，従業員を"自分の取組みが評価されて嬉しい！もっとがんばろう！"という気持ちにさせ，さらにESを向上させる．つまり，CS向上はES向上に貢献する[2)]．このように，ESとCSという二つの"S"の向上と好循環が，CS経営の鍵であると考えられている．

5.2 CS 経営の新たな視点

このような CS 経営の考え方に対し，前章で紹介した事例は新しい視点を示唆していると思われる．本節では"期待と共創欲求を喚起することの重要性"と"組織学習を活性化することの重要性"の2点に焦点を当てて，筆者が考えることを述べたい．

（1） 期待と共創欲求を喚起することの重要性

CS 経営の新たな視点の一つ目として，"企業自らが描く'ありたい姿'を大事にすべき"ということを提案したい．その理由は以下2点である．

一つ目の理由として，長期にわたる顧客関係性は，企業が掲げる"ありたい姿"に対して，顧客が期待や共創欲求を抱くことによってより強固なものになるという点が挙げられる．このことは，今日のブランド研究において大きく注目されている"顧客ロイヤルティ"によって示唆されている．

顧客ロイヤルティ(Customer Loyalty)とは，ブランドに対する顧客の"こだわりの大きさ"や"依存の程度"を表す概念であり[7),8)]，顧客関係性議論の中で最も重要な概念として注目されている[8),9)]．顧客ロイヤルティと顧客満足概念との違いは，顧客満足が"毎回の使用満足度"を表す概念であるのに対し，顧客ロイヤルティは"使用満足度の累積"を表す概念として区別される（図5.2）．

ロイヤルティの高い顧客（ロイヤルユーザ）は，現在使用している製品やそれを製造する企業に対して，これまでの実績をもとに

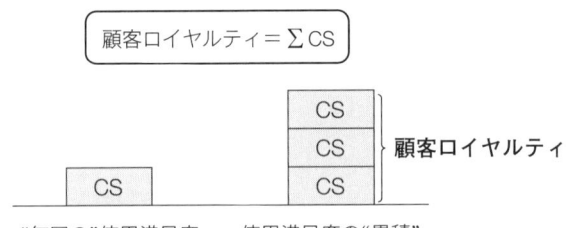

$$顧客ロイヤルティ = \sum CS$$

```
                                    ┌────┐
                                    │ CS │
                                    ├────┤ 顧客ロイヤルティ
                         ┌────┐     │ CS │
                         │ CS │     ├────┤
                         └────┘     │ CS │
                                    └────┘
                    "毎回の"使用満足度    使用満足度の"累積"
```

図 5.2 CS と顧客ロイヤルティの関係

"信用"や"愛着"を示し,さらには,企業が掲げるビジョン(究極的なありたい姿)に対する理解と共感が,今後の更に大きな価値を享受できることへの"期待"や,そのビジョンの実現に自分もかかわりたいという"共創欲求"を示す[8),10),11)].これらを整理してまとめた図 5.3 からわかるとおり,顧客ロイヤルティ概念は"過去から現在の蓄積"にかかわる要素と,"現在から将来への展望"にかかわる要素から構成されていることがわかる.

ロイヤルティという言葉は,"ご愛顧"や"なじみ"の意味で訳される場合があるが,これは"過去から現在に至る蓄積"に着目した捉え方であり,顧客ロイヤルティ概念の一部を表しているにすぎない.高い顧客ロイヤルティによって長期にわたる顧客関係性構築をねらうならば,"過去から現在までの蓄積"だけでなく,"現在から将来への展望"にかかわるロイヤルティ要素に対する評価を高いレベルで獲得する必要がある.つまり,自社に対する期待や共創欲求を高いレベルで獲得することが,今後,更に顧客ロイヤルティを向上させるうえで非常に重要だといえる.

ありたい姿を大事にすべき二つ目の理由として,今日の顧客の声

5.2 CS 経営の新たな視点

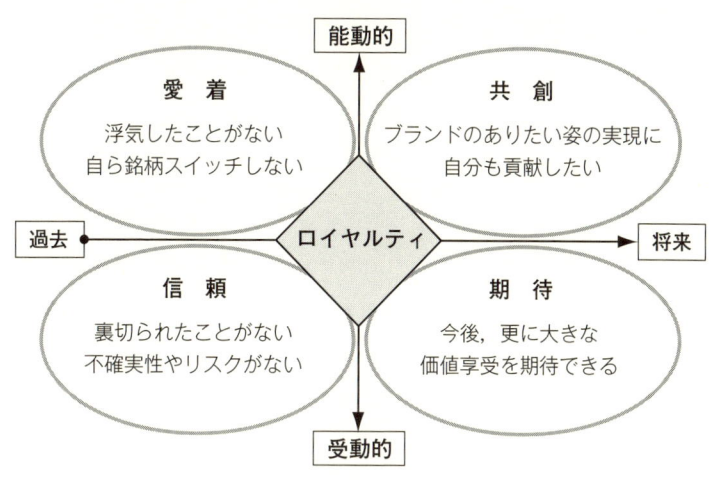

```
          能動的
    愛着          共創
浮気したことがない   ブランドのありたい姿の実現に
自ら銘柄スイッチしない  自分も貢献したい

過去 ──── ロイヤルティ ──── 将来

    信頼          期待
裏切られたことがない   今後，更に大きな
不確実性やリスクがない  価値享受を期待できる
          受動的
```

図 5.3 顧客ロイヤルティを構成する 4 要素

は当てにならないということも挙げられる．顧客は"いま起きていること"については言及できるが，将来のニーズを先取りして具体的な要望として発言できない場合が極めて多い[12]．"どのような機能が欲しいですか？"，"次期製品に望む改良点は何ですか？"と聞けば，顧客は何かをきっと答えるだろう．しかし，こうして得られた要望を真に受けて応えたのに，思ったほど CS が向上しなかったという経験をおもちの読者は多いはずだ．"顧客の声を収集する"，"顧客に答えを訊きにいく"という発想ではなく，"企業自らが掲げるありたい姿に顧客を惹きつけ，その姿の実現に向けて顧客と企業がアイデアを出し合う"という発想のもとで顧客の声に耳を傾けることが有効なのではないだろうか．顧客との相互信頼と，ありたい姿の共有をもとに，顧客の声と向き合うことがこれからの CS 経営

における重要な姿勢なのではないかと考えている．

　以上，これからのCS経営の新しい視点として，CSを向上させるうえで企業自らが掲げる"ありたい姿"の重要性を理解いただけたと思う．前章で紹介したテキスタイル企業の事例を振り返ってみると，"自分たちアパレルに何を提案してくれるのか期待感が高まった"という顧客の期待は，ブランド・プロポジションという名の"ありたい姿"によって喚起されたといえる．自分たちが目指すありたい姿を表したブランド・プロポジションは，良好な顧客関係性を構築するうえで重要な役割を担っていることがおわかりいただけると思う．

（2） 組織学習を活性化することの重要性

　顧客の期待や共創欲求に応え続けることは容易ではない．優れた製品・サービスを生み出すための価値創造の仕組みを，永続的に進化させ続けていく必要がある．その源は，従業員各人のモチベーション（ES）なのかもしれない．しかし，ESだけで高いロイヤルティを獲得することができるかといえばそれはさすがに無理であろう．ESは下支え要因ではあるが，顧客ロイヤルティを維持・強化するためには，組織を構成する各部門間の協調やサプライヤーなどの関係協力機関との協調が欠かせない．このような協調があってはじめて，価値創造の仕組みは進化する．この点について筆者は，"組織学習"に着目している．

　組織学習に関する先行研究からは，従業員各人が"会社に対する将来性"と"組織内地図（組織における自分あるいは自部門の位置

5.2 CS経営の新たな視点

づけ)"の両方を理解しているときに,組織レベルの学習は活性化することが報告されている[13),14),15)]. 前章で紹介したヘアサロン事例は,将来性と組織内地図の両方を理解した従業員各人が,部門を横断してブランド・プロポジションの高度実現に向けた今後の組織能力開発の方向性について議論を重ねていたことをご理解いただけると思う.

このように,ブランド・プロポジションの高度実現には,ブランド・プロポジションに記された内容に納得し,組織横断型の学習が必要になるといえよう.そこで本書としては,これまでのESとCSに加えて,"ブランド・プロポジションに記されたありたい姿を通じて,各部門が業務の目的と意義を納得し,そのうえで組織レベルの学習が進展している程度"を表す尺度として,新たに"部門満足(DS: Department Satisfaction)"を提案したい.DSの具体的な項目例としては,"各部門がブランド・プロポジションを理解できている程度","ブランド・プロポジションの高度実現に対する各部門のコミットメントの程度","ブランド・プロポジションの高度実現に向けて各部門が横断的に知識を生成できている程度"など,各部門の状況や部門間の関係を表す項目が挙げられる.このように,新たにDS概念を導入することによって,従業員各人レベルのモチベーションの高さが(ES),組織横断型の学習を促進し(DS),その結果は,高い顧客満足並びに顧客ロイヤルティとして結実する(CS)という,[ES → DS → CS → ES →……]という三つのSの好循環として表すことができる.

5.3 新しいCS経営モデルの概要

以上のことをふまえ，本書として図5.4に示す新しいCS経営モデルを提案したい．本モデルのポイントを以下で整理してみよう．

まず，CS概念については，これまでの"(毎回の) 製品使用満足度"というこれまでの意味合いに加え，"顧客ロイヤルティ"の意味合いを含む概念として扱いたい．毎回の使用満足度の累積としての"信頼"や"愛着"，そして，ブランド・プロポジションによって喚起される"将来に向けた更なる期待"や"将来を見据えた共創欲求"といったロイヤルティ各要素をどれだけ獲得できているかという点もCS評価対象に含めていくことが望ましい．

次に，CS経営を構成するロイヤルティを高め続けるためには，それにふさわしい経営の実体が必要であることはいうまでもない．

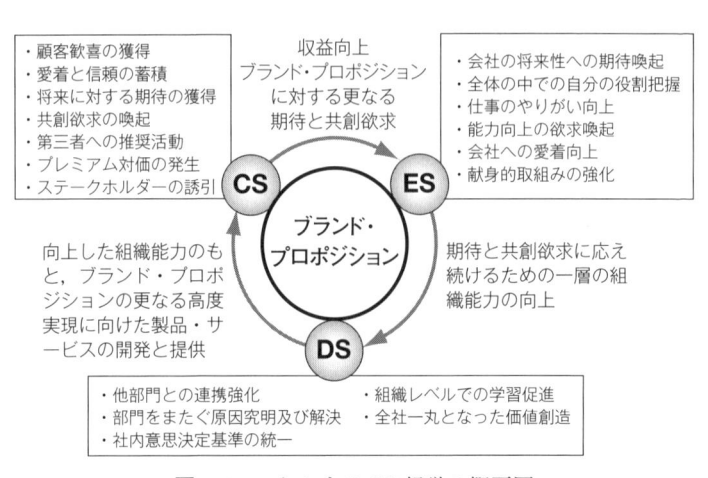

```
CS
・顧客歓喜の獲得
・愛着と信頼の蓄積
・将来に対する期待の獲得
・共創欲求の喚起
・第三者への推奨活動
・プレミアム対価の発生
・ステークホルダーの誘引

収益向上
ブランド・プロポジション
に対する更なる
期待と共創欲求

ES
・会社の将来性への期待喚起
・全体の中での自分の役割把握
・仕事のやりがい向上
・能力向上の欲求喚起
・会社への愛着向上
・献身的取組みの強化

ブランド・プロポジション

向上した組織能力のもと，ブランド・プロポジションの更なる高度実現に向けた製品・サービスの開発と提供

期待と共創欲求に応え続けるための一層の組織能力の向上

DS
・他部門との連携強化
・部門をまたぐ原因究明及び解決
・社内意思決定基準の統一
・組織レベルでの学習促進
・全社一丸となった価値創造
```

図5.4 これからのCS経営の概要図

5.3 新しい CS 経営モデルの概要

そのためには，企業の各部門がブランド・プロポジションを共有し，そして，これを高度に実現するために必要な知識や能力を協調して生み出していかなければならない．"いかに業務の無駄を省くか"という"効率"の視点はもちろん重要だが，"いかにしてブランド・プロポジションを高度に実現するか"という"効果"の視点もこれからの組織能力向上を考えていくうえで極めて重要であろう．"各部門の状況"や"部門間の関係"を表す DS（部門満足）は，全社一丸となった価値創造の仕組みづくりを推進するうえで重要な概念であると考えられる．

CS 経営を支える最も根源的かつ重要な担い手は，従業員個々人である．彼らの高い"ES（従業員満足）"が，図 5.4 に示す三つの"S"の好循環をもたらす．図に表現されたことを言葉で表すと次のようになろう．"従業員各人は，会社の将来性と組織内地図の理解によってモチベートされ（ES），そのような従業員から構成された各部門は，ブランド・プロポジションの実現に向けて組織レベルの学習と部門相互の協調を行われる（DS）．そのような組織一丸となった努力の結果は，製品・サービスを通じて顧客によって高く評価される（CS）．そして，魅力溢れるブランド・プロポジションに対して顧客は将来を見据えた期待と共創欲求を抱き，その声は自社にフィードバックされる．その声を聞いた従業員のモチベーションはさらに高まる"——三つの"S"の好循環は以上のように表現されよう．

そして，このモデルの中心に位置づけられるものは，ブランド・プロポジションにほかならない．ブランド・プロポジションの対内

的な役割としては，従業員各人のモチベーションを高め，全社一丸となった組織学習を促進する．一方で，対外的な役割としては，顧客が期待や共創欲求を抱く際の源として機能する．ブランド・プロポジションの中に，企業自らが目指す"究極のなありたい姿"を魅力的かつ明快に示すことが，三つの"S"の好循環をもたらすといっても過言ではないだろう．

引用・参考文献

1) 日本能率協会編(1991)：CS経営のすすめ お客様満足向上への全社的取り組み，pp.12–30，日本能率協会
2) 常盤猛男(2007)：顧客満足経営辞典，pp.14–33，ファーストプレス
3) 小田宜夫(2002)：CS経営のためのCustomer Relationship Support Program, RANDOM—R&D広報誌，No.41
4) 三菱総合研究所(2005)：顧客満足(CS)と社員満足(ES)のスパイラルアップを目指して—MRI戦略CSプロジェクトの紹介，三菱総研倶楽部，Vol.2, No.4, p.51
5) 日本能率協会編(1991)：CS経営のすすめ お客様満足向上への全社的取り組み，pp.32–54，日本能率協会
6) 武田哲男(2006)：顧客満足の常識，pp.14-59，PHP研究所
7) Aaker, D.A. (1991): *Managing Brand Equity; Capitalizing on the Value of a Brand Name*, Free Press. [陶山計介，中田善啓，尾崎久仁博，小林哲訳(1994)：ブランド・エクイティ戦略，pp.53–60，ダイヤモンド社]
8) 嶋口充輝，内田和成(2004)：顧客ロイヤルティの時代，まえがき(1)，pp.4–10, pp.153–155, p.227，同文館出版
9) Kotler, P. (2000): *Marketing Management*, The Millennium Edition, Prentice Hall. [恩蔵直人，月谷真紀訳(2001)：コトラーのマーケティング・マネジメント ミレニアム版，pp.60–66，ピアソン・エデュケーション]
10) トム・ケリー(2006)：イノベーションの達人！—発想する会社をつくる10の人材，早川書房
11) Reichheld, F.F.(2004)：顧客ロイヤルティを測る究極の質問，ハーバー

ド・ビジネスレビュー，Vol.29, No.6, p.63，ダイヤモンド社
12) 加藤雄一郎(2005)：シーズオリエンテッド VS ニーズオリエンテッド，クオリティマネジメント，Vol.56, No.11, pp.70–71
13) 高橋伸夫，安藤史江，藤田英樹(1999)：広告が企業の組織学習プロセスに及ぼす影響について，平成10年度助成研究報告書，吉田秀雄記念事業財団
14) 安藤史江(1998)：組織学習と組織内地図の形成，組織科学，Vol.32, No.1, pp.89–103
15) 高橋伸夫(2002)：できる社員はやり過ごす，pp.111–135，日本経済新聞出版社

第6章 ブランド・プロポジション設計手続き：4Q 洞察と VTree 活用

ここまでのところで，ブランド・プロポジションが企業経営にもたらす効果についてご理解いただけたと思う．しかし，ブランド・プロポジションは非常にシンプルな構成をしてはいるが，いざ設計してみると容易ではないようだ．そこで本章では，ブランド・プロポジションを効果的に設計するための手続きについて概説したい．

図 6.1 に示すとおり，ブランド・プロポジションの設計手続きは，五つのステップから構成される．まず，手続きの詳細に先がけて，一連の設計手続きにおいて中心的な役割を担う "4Q 洞察" について解説する．

6.1 洞察上の着眼点：4Q 洞察観点

4Q（4 Questions）とは，洞察するための四つの視点の略称であり，"So what?"，"What?"，"Why?"，"True?" という四つの Q から構成される．これら四つの Q を，ステップ 1 を通じてリストアップされた特徴ワードの個々に対して行う（図 6.2）．

4Q のうち，最も多用される Q は "So what?" である．"So what?" は，"特徴" を "価値" に変換する際に用いる．例えば，あるヘアサロンが保有する "カット技術" を例に挙げて "So what?"

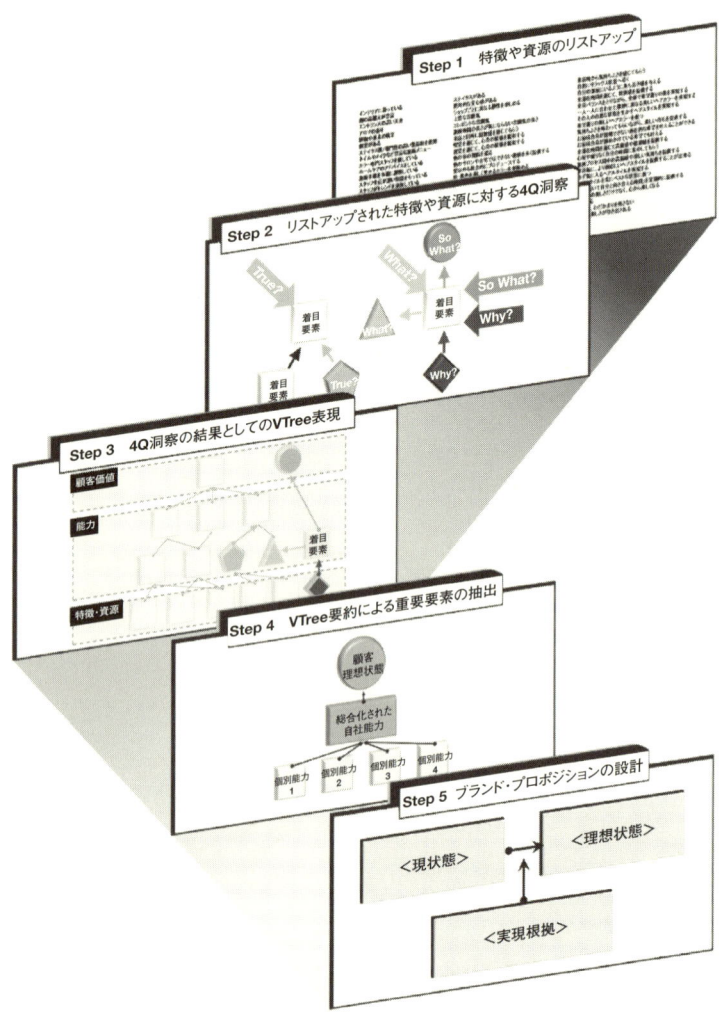

図 6.1 ブランド・プロポジション設計手続きの全体像

6.1 洞察上の着眼点：4Q 洞察観点

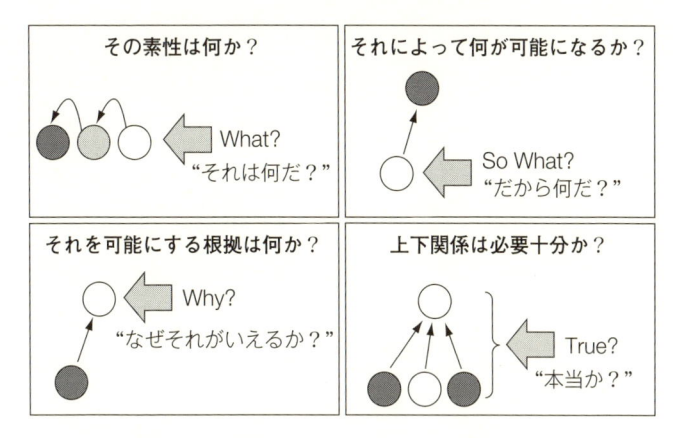

その素性は何か？	それによって何が可能になるか？
What? "それは何だ？"	So What? "だから何だ？"
それを可能にする根拠は何か？	上下関係は必要十分か？
Why? "なぜそれがいえるか？"	True? "本当か？"

図 6.2 資源総合化に向けた 4Q 洞察観点

を考えてみよう．

ヘアサロン　"私たちの最大のウリは，エアリーカットと呼ぶカット技術です．"

加藤　"なるほど．エアリーカット技術なのですね．その技術があると，だから何ができるのでしょうか？ それがどうしたというのでしょうか？（="So what?"）"

ヘアサロン　"ヘアスタイルが毎日決まるようになります．自分に似合うスタイルを手に入れることができます"

加藤　"自分に似合うヘアスタイルを手に入れると……だから何ができるのでしょうか？ それがどうしたというのでしょうか？（="So what?"）"

ヘアサロン　"自分に自信をもてるようになると思います．外に出かけるのが楽しみになります．"

上記は "So what?" を用いた簡単な例である．ある経営資源

に着目し，それを顧客から見た価値に変換している様子がわかる（図6.3）．読者の皆さんは，図6.3の結果に対して，どのような印象を抱いたであろうか？　いろいろな疑問を抱いたと思う．例えば，"自分に似合うヘアスタイルを手に入れることができる？　なぜ？"，"エアリーカット技術が，その人に似合うヘアスタイルを提供できるといい切れる根拠は何か？" といった疑問が容易に喚起されるだろう．無料クーポン誌などを見ると，相当のページ数を使ってヘアサロンが紹介されているが，図6.3に示された程度であれば，これら競合サロンといっていることがほとんど変わらない．

**自分に自信が
もてるようになる**

↑

So what?
"だから何だ？"

自分のスタイルを
手に入れる

↑

So what?
"だから何だ？"

エアリーカット
技術

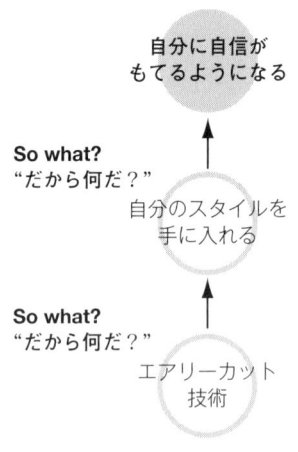

図6.3　"So what?" のみを用いた価値変換例

月並みな価値しか抽出できない最大の原因は，"What?" の欠落による場合が多い．"So what?" をかける前に，十分な "What?" をかけておくべきだというのが筆者の持論である．以下で，"What?" を用いたやりとりを紹介しよう．

6.1 洞察上の着眼点：4Q 洞察観点

加藤　　　　"御社のカット技術は，そのお客様に似合うスタイルをもたらすと伺いましたが，そもそも，エアリーカット技術というのは，どういう技術なのでしょうか？つまり，エアリーカット技術とは何ですか？（＝"What?"）"

ヘアサロン　"エアリーカットとは，髪を濡らすことなくハサミを入れることを可能にするカット技術です."

加藤　　　　"髪を濡らすことなくハサミを入れるとは，どういうことなのでしょうか？（＝"What?"）"

ヘアサロン　"髪を濡らすという行為は，顧客都合というより，スタイリスト都合です．日本人の多くが何らかの髪のクセをもっているのですが，実はこれがスタイリスト泣かせなのです．スタイリスト間の技量の差が，お客様の髪のクセをどれだけ上手に対処できるかというレベルに現れてしまうのです．だから，多くのヘアサロンでは，事前にお客様の髪を濡らして，一時的にクセを消失させることを行うのです．

　　　　　　多くの人は，自分の髪のクセを嫌う傾向がありますが，私たちはクセを"その人だけがもっている個性である"と考えています．"髪を濡らさない"とは，その人の個性を尊重することを意味し，エアリーカットとは，髪を濡らすことなくハサミを入れることを可能にすることで，その人の個性を活かしてその人だけの世界観を創り上げるカット技術であると考えています."

以上のやりとりを図で示したものを図 6.4 に示す．先の図 6.3 と比較すると，当該ヘアサロンとしての独自性が表れていることがわかる．"So what?"をかける前に，十分な"What?"をかけておくことの重要性をご理解いただけよう．今回の例では"エアリー

第6章 ブランド・プロポジション設計手続き：4Q洞察とVTree活用

カット技術"というカット技術を挙げたが，4Q洞察の対象は，企業が保有する技術，システム，知識，ノウハウになる場合が多い．これらの対象の特徴や意味合いを十分に明らかにしないまま（つまり，含有に乏しいワードのまま），"So what?"をかけたとしても示唆に乏しい意味合いしか導出できないことが懸念される．"So what?"を実施する以前に，上記の場合，"エアリーカットとは，要するにどのようなカット技術なのか？"という"What?"をかけることによって，考察対象の意味内容を明らかにすることがポイントである．このように，考察対象の素性や意味内容を明らかにすることに"What?"（＝それは何？）は役立つ．

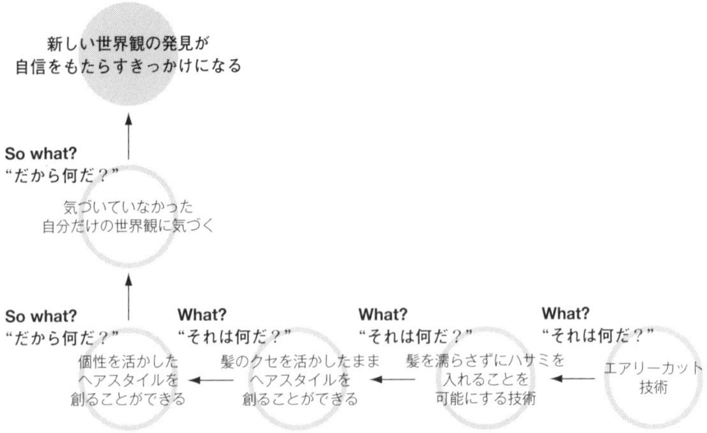

新しい世界観の発見が自信をもたらすきっかけになる

So what?
"だから何だ？"

気づいていなかった自分だけの世界観に気づく

So what? "だから何だ？" **What?** "それは何だ？" **What?** "それは何だ？" **What?** "それは何だ？"

個性を活かしたヘアスタイルを創ることができる ← 髪のクセを活かしたままヘアスタイルを創ることができる ← 髪を濡らさずにハサミを入れることを可能にする技術 ← エアリーカット技術

図 6.4 "What?" を繰り返した価値変換例

次に，"Why?"について概説する．この Q は，着目した対象が成り立つ"根拠"や"理由"を導出する際に用いる．

6.1 洞察上の着眼点：4Q 洞察観点

ヘアサロン　"私たちのサロンの特徴は，そのお客様だけの世界観を創り上げることができることです."

加藤　"なるほど，お客差だけの世界観の創出ですか，それはすごいですね．しかし，なぜお客様だけの世界観の創出が可能なのでしょうか？　その根拠は何なのでしょうか？（="Why?"）"

ヘアサロン　"私たちは，お客様すら気づいていなかった自分だけの個性を活かしたヘアスタイルを提供するからです."

加藤　"なぜ，個性を活かしたヘアスタイルの提供が可能なのでしょうか？（="Why?"）"

ヘアサロン　"私たちは，お客様の個性はお客様それぞれのクセ毛にあると考えています．多くのお客様はクセを嫌がり，それを隠そうとする傾向性があります．しかし，私たちはクセを隠さず，逆に活かすことを考慮したエアリーカット技術を有しているからこそ，お客様の個性を活かしたヘアスタイルを提供することが可能になるのです."

このように，着目したワードについて，それが成り立つ根拠や理由を導出する際に "Why?" を用いる（図 6.5）.

ここまでのところで，"So what?" と "Why?" は思考の進行方向が逆であることにお気づきの方がいらっしゃると思う．まさにそのとおりで，"So what?" は着目した対象を昇華させるために（上げるために）用いる Q であるのに対し，"Why?" は着目した対象を裏付けるために（下げるために）用いる Q である（図 6.6）.

そして，着目対象を上下させる前に，その着目対象の意味内容を十分に洞察するための Q が "What?" である．以上の三つの Q を用いて自問自答を繰り返すと，経営資源レベルから顧客価値レベル

に至るまでの一応の階層構造ができる．しかし，実際にやってみると，まだ十分でない場合が圧倒的に多い．その鍵は，"必要十分条件"である．強引なまでの因果関係によって導かれる結果を笑い話

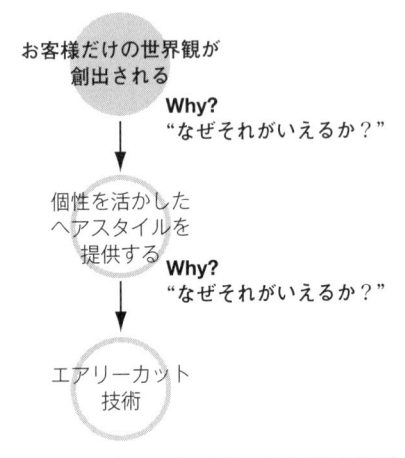

図 6.5 "Why?"を用いた根拠導出例

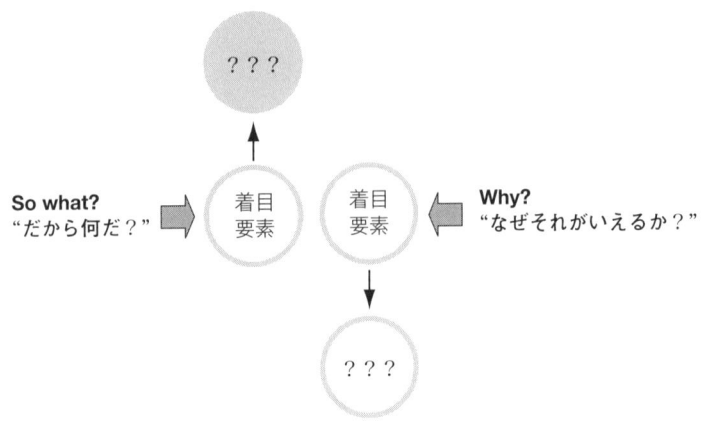

図 6.6 "So what?"と"Why?"の関係

6.1 洞察上の着眼点：4Q 洞察観点

にしたものに"風が吹けば桶屋が儲かる"という話がある．桶屋が儲かるためには，風が吹けばいいだけではない．桶屋が儲かるためには，風が吹く以外の要素も必要になる．これと同様に，抽出された顧客価値が大きな内容であればあるほど，その価値の実現は当初の着目対象だけでは成し遂げられない場合が圧倒的に多い．"So what?"，"Why?" そして，"What?" の三つだけを用いた洞察は，"風が吹けば桶屋が儲かる" に近い価値構造しか得られない場合が少なくない．そこで，お勧めする最後の Q は "True?" である．

加藤　　　"先ほどは，'エアリーカット技術がある，だから，そのお客様だけの世界観を創り上げることができる' ということになりました．この二者関係が非常に気になります．カット技術さえあれば，そのお客様ならではの世界観は創れるものなのでしょうか？ 本当ですか？（= "True?"）"

ヘアサロン　"たしかにそうですね．カット技術さえあれば，できることではないと思います"

加藤　　　"私もそう思うのです．カット技術のほかにも，何かかかわってはじめて，そのお客様の世界観が生み出されるように思います．では，それは何でしょう？"

ヘアサロン　"そういえば，イメージ診断システムが挙げられます．これは，お客様の言葉を，ヘアスタイルの言葉に置き換えるための変換ツールです．お客様の声というのは得てして感覚的です．タレントやモデルさんの写真の切抜きを持参するお客様もいらっしゃいますが，そういったヘアスタイルの具体的イメージをおもちではないお客様もいらっしゃいます．イメージ診断システムというツール

　　　　　　　は，お客様の感覚的な世界を，ヘアスタイルのスペック世界に置き換えるツールです．このツールは，お客様独自の世界を創り上げるうえで欠かせませんね．"

加藤　　　　"なるほど．エアリーカット技術とイメージ診断システムの二つがあってはじめて，そのお客様ならではの世界観が築かれるのですね？　念のためお伺いしますが，この二つで本当にそのお客様ならではの世界観を創り上げることは可能なのでしょうか？（＝"True?"）"

ヘアサロン　"当たり前のことですが，スタッフがフレンドリーでなければダメですね．技術やツールが揃っていたとしても，お客様が恥ずかしがってご自分の世界観を語れないということではそもそも話になりません．どんなことをお客様がおっしゃったとしても，それを親身に受け入れるという姿勢がスタッフに求められます．'こんなことをいって馬鹿にされないだろうか？'という不安や恥ずかしさは，新規のお客様において特にあります．そのような感情は，スタッフとお客様が力を合わせて独自の世界を創り上げていくうえで無用です．無用というより，むしろ弊害です．新たな世界観を創り上げていくのにふさわしい感情状態にお客様を導くのはスタッフの責務です．"

加藤　　　　"それはたいへん興味深いですね．一般的にサービス業では，フレンドリーさが重視されますが，今のお話は'何のためのフレンドリーさなのか？'ということがハッキリしています．'新しい世界観を協調して創造するためのフレンドリーさ'なのですね．"

ヘアサロン　"そこまで意識してフレンドリーさの重要性を考えたことはありませんでしたが，おっしゃるとおり，まさにそういう意味でフレンドリーさは重要ですね．"

6.1 洞察上の着眼点：4Q 洞察観点　　　　　　　　　85

　このやりとりは，特定の二者間に着目し，それらが必要十分条件を満たしているのかということを確かめているプロセスである（図6.7）．つまり，"上位に書かれている内容（上位概念）は，その直下で書かれている内容（下位概念）だけで説明できるのか？"という二要素間の妥当性を検討する際に"True?"が役立つ．以上，企業が有する経営資源や特徴を洞察するための観点として"4Q 洞察観点"を紹介したところで，実際のブランド・プロポジション設計手続きを見てみよう．

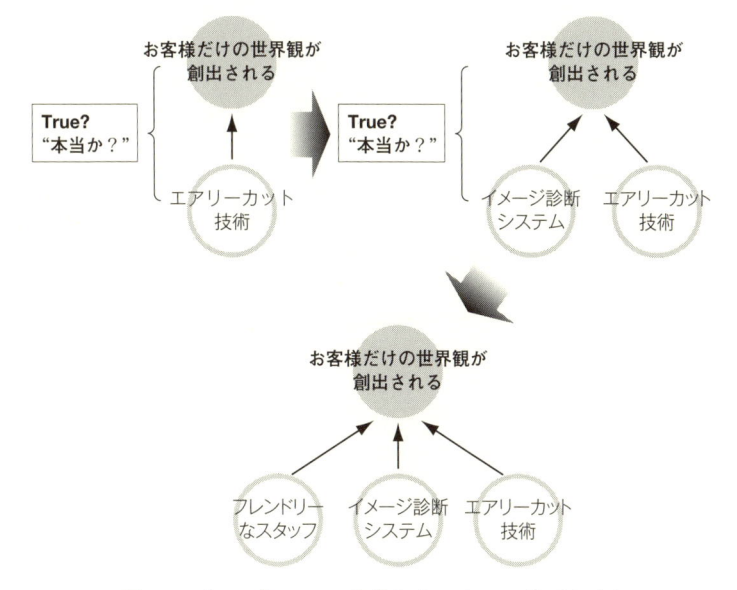

図 6.7 "True"による上位概念を支える必要十分な下位概念の抽出

6.2 ブランド・プロポジション設計手続きの詳細

表 6.1 ブランド・プロポジション設計手続きの5ステップ

Step 1　特徴や資源のリストアップ
Step 2　リストアップされた特徴や資源に対する4Q洞察
Step 3　4Q洞察の結果としてのVTree表現
Step 4　VTree要約による重要要素の抽出
Step 5　ブランド・プロポジションの設計

4Q洞察の詳細を理解したところで，あらためてブランド・プロポジション設計手続きの詳細について見てみよう（表6.1）．ステップ1は，洞察の対象となる要素を可能な限りリストアップする作業ステップである．プロポジション設計対象が"個別商品"の場合は，製品の特徴をリストアップする．考察対象が"事業やビジネスユニット"の場合は，当該事業・ビジネスユニットが有する経営資源をリストアップし，考察対象が"全社レベル・コーポレートレベル"の場合は，企業全体を俯瞰したすべての経営資源をリストアップすることになる．ステップ2では，前ステップを通じてリストアップされた各要素に対して洞察を行う．洞察には，"4Q"と呼ばれる洞察観点を用いる．リストアップされた各要素に対して4Q洞察を繰り返し行うと，その結果は自ずとVTreeと呼ばれるツリー構造として仕上がる．便宜上，ステップ3を"VTree表現"としてはいるが，ステップ2からステップ3にかけてのプロセスは，"ステップ2を行った後で，ステップ3を行う"というのではなく，"ステップ2を繰り返し行った結果は，ステップ3として表

現される"というイメージをもっていただくとよいだろう．4Q洞察を経て描かれたVTreeは非常に複雑な構造を成している場合が多い．そこで，これを要約するのがステップ4である．ステップ4を通じて，"自社が有する（自社製品が有する）どのような特徴が，顧客にどのような'コト'をもたらすのか"というブランドの要旨が明らかになる．そして，この要旨をブランド・プロポジションとして完成させるのが最後のステップ5である．以上が，ブランド・プロポジション設計手続きの概要である．第4章で紹介したヘアサロン事例を交えて各ステップを以下で詳述する．

Step 1　特徴や資源のリストアップ：100本ノック

まず，考察対象の特徴を思いつくかぎり，リストアップすることから始める．目的は，4Q洞察の対象となる要素を可能な限り抽出することにある．リストアップするには，関係者に対するヒアリングが必要になる場合が多く，その場合は次のような質問を行う．

> 1. 質問　このブランドの特徴を100個挙げてください．

考察対象は，商品・サービスの場合もあれば，要素技術レベルの場合や，企業（コーポレート）レベルの場合など様々であるが，例えば商品の場合は，"その製品の特徴を100個，挙げてください"ということになる．また，企業レベルの場合は，"その企業が有する経営資源を100個，挙げてください．経営資源としては，保有技術，知財，設備，システム，ノウハウ，知識，人材など，その会社が保有するすべてを含みます．また，外部の協力機関が保有する

資源を含める場合もあります"となる．

　多くの場合，"100個"と個数を指定すると嫌がられるのであるが，実は100個という数に意味がある．20〜30個程度なら回答は簡単なのであるが，残念ながら最初のころに出てくる特徴は，ブランド・プロポジションを策定するにあたり，使い物にならない場合や，示唆に乏しい場合が少なくない．最大の理由は，"パッとすぐに思いつくようなものは，競合他社も簡単にリストアップできるもの"であったり，"価値を生み出す要因側ではなく，価値内容そのもの"という場合が多いためである．80個目くらいからは，リストアップすることが苦しくなってくるのであるが，そのような苦し紛れの回答が，後続する4Q洞察によって大化けする場合が多い．ぜひ，100個という数にこだわっていただきたい．筆者はステップ1の特徴抽出作業を"100本ノック"と呼んでいる．なお，このステップは，考え込んでやるようなことではない．表6.2を見てわかるとおり，実際には"接客時の対話"，"ヘアショーを実施している"といったように，一見すると顧客から見た直接的な価値とは思えない要素も含まれている．"この要素は果たして価値といえるのか？"といった余計なことを考えずに，思いつくかぎりの特徴を列挙していただきたい．

Step 2　リストアップされた特徴や資源に対する4Q洞察

　次のステップは，前ステップを通じて得られた各要素に対して，4Q洞察を行う．4Q洞察については前節で解説したので，ここでは詳細を割愛する．なお，前節の4Q洞察例では，二者間の会話風

6.2 ブランド・プロポジション設計手続きの詳細

表 6.2 社員アンケートから収集された経営資源ワード

施術に特別な水を使用している	施術で生じる髪への刺激を緩和する	美しいヘアスタイルの基盤である健康な髪を保つ
インテリアに凝っている	ステイタスがある	来店時から気持ちよさを感じてもらう
剤の品揃えが豊富	絶対的な安心感がある	自然にリラックス状態へ導く
エントランスの高い天井	ショップごとに異なる個性を楽しめる	自分の部屋にいるように落ち着き感を与える
アロマの香り	上質な雰囲気	全滞在時間を通じて，特別感を提供する
植物や並木の眺望	エレガントな雰囲気	全身バランスをとりながら，全体で希望どおりの美を実現する
個室がある	施術時間の長さが気にならない雰囲気の良さ	一人ひとりに合わせた微妙に異なる美しいヘアカラーを実現する
ステイタス性／専門性の高い製品を使用	来店と同時に開放感を感じてもらう	その人の自然な状態を生かすヘアスタイルを実現する
ネイルやメイクなど豊富な施術メニュー	嗅覚を通じて，心身の緊張を緩和する	希望どおりの美しいヘアカラーを保つ
カラー専門スタッフを擁している	視覚を通じて，心身の緊張を緩和する	気持ちよさを味わってもらいながら，美しい育毛を促進する
ホームケアのアドバイスをしている	他の客の視線を遮る	お客様自身が説明できない潜在的な希望を叶えることができる
施術手順を事前に詳解している	他のサロンや自宅ではできない経験を多く提供する	お客様自身が諦めかけている希望でも叶う
スタッフ全員が深い知識をもっている	髪以外も総合的にプロデュースする	全滞在時間を通じて高級感や信頼感を提供する
スタッフがトレンドを熟知している	瞳・肌色を美しく見せるカラーを見極める	心配やわだかまりなく自分の時間に集中してもらう
エアリーカット技術	お客様の個性を見極める力がある	施術プロセス間中の高揚感や楽しい気持ちを提供する
ヘッドスパ技術	髪のコンディションに合わせて剤のベストチョイス	来店毎に，よりふさわしいヘアスタイルを提供することができる
イメージ診断システム	流行や季節に合わせて提案できる	必ず気に入るヘアスタイルを実現する
接客時の対話	顧客に合わせたベストな施術	ヘアスタイルを常にベストな状態に保つ
レセプショニストのプロフェッショナルな接客態度	細やかな調整を加えながらカラー剤を調合する	"落ち着いて自分と向き合える時間"を定期的に提供する
料金の事前説明	髪のクセを生かしながら髪を切る	外見上の美しさだけでなく，心から美しくなる
ヘアスタイルの事前プレゼンテーション	仕上がり時と毎日の洗髪による色落ちを計算しカラー剤を塗布する	癒される
カルテ	マッサージをしながら頭皮を清潔にする	施術後，わだかまりを残さない
アフターフォローを保証するシステムがある	言葉ではなく絵やチャートによって具体的な要求を把握する	未知の美しさが引き出される

表 6.2 （続き）

経済的・時間的不安を解消させる料金システム	否定表現を使わず，本音を聞き出す	贅沢な気分を味わえる
有名人のヘアメイク実績がある	入退店時に丁寧かつスムーズな案内を行う	真の要求が満たされる
カリスマスタイリストがいる	施術前の不安感や不信感を解消しておく	自分をもっと好きになる
ヘアショーを実施している	提供ヘアスタイルに対する期待感を高める	非日常を味わうことができる
分業システムを確立している	顧客理解のための詳細情報を来店ごとに蓄積していく	日常でもサロンの仕上がりを手に入れる
ポイントカード制度がある	提供ヘアスタイルに対する不満点の直しを無期限で保証する	個性を活かし，伸ばすことができる
エステティックサロンを併設している	2か月以内の来店では一定の格安料金を提供する	来店中，自分が特別の存在になれる

に解説したが，実際の 4Q 洞察は一人で思考を巡らせる場合も少なくない．

Step 3　4Q 洞察の結果としての VTree 表現

4Q 洞察の結果は，図 6.8 のようなツリー構造として自ずと表現される．このツリー構造を "VTree（バリュー・ツリー）" という．

図を見ると，VTree 下層は，各種特徴や経営資源から成り立っていることがわかる．そして，これら要素が組み合わさって，製品・サービスの能力が表現されている．さらに，それら能力が組み合わさって，顧客価値が導かれていることがわかる．なお，VTree における［経営資源→能力→顧客価値］という昇華過程では，複数の下位要素の組合せが，上位を生み出している様子が描かれていることに注目していただきたい．これは "総合化" の様子を表している（コラム "なぜ経営資源の総合化が必要か" を参照）．

6.2 ブランド・プロポジション設計手続きの詳細　　91

図 6.8　4Q 洞察の結果としての VTree

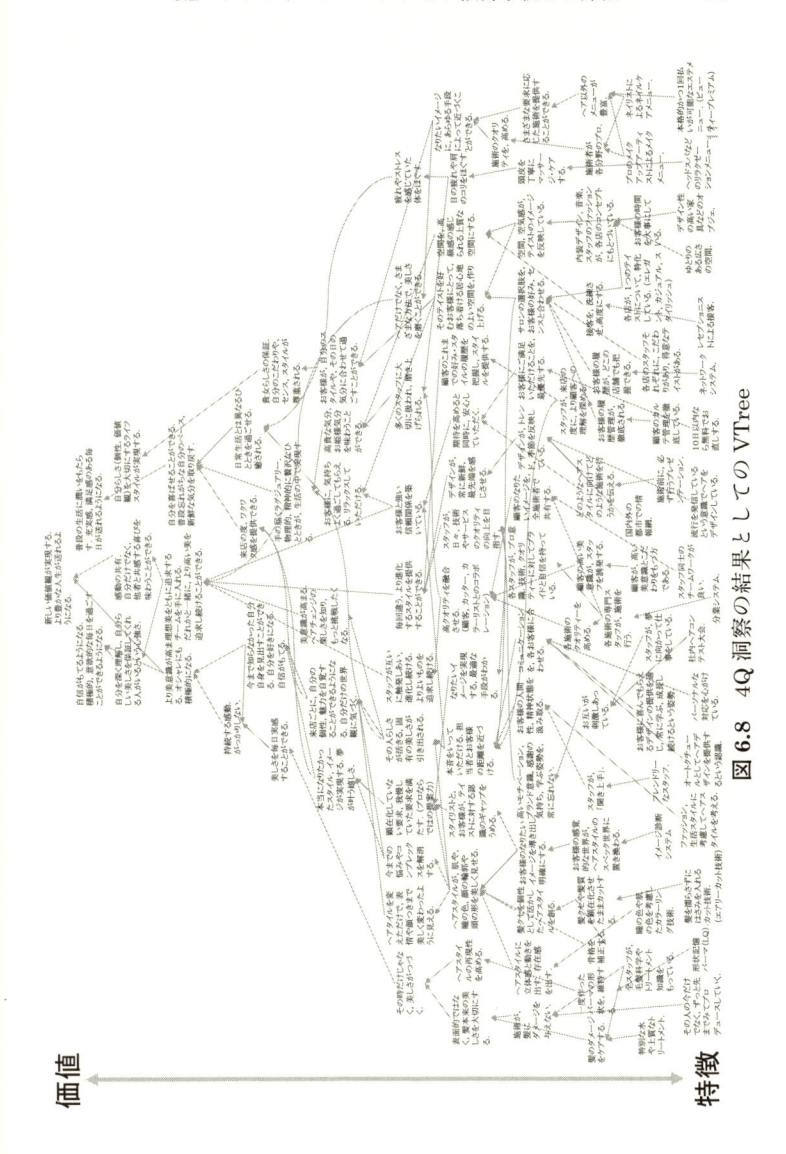

価値 ⇔ 特徴

/コラム/

なぜ経営資源の総合化が必要か

1990年代以降，マーケティング実務家の間で"各社の技術力向上によって製品間の品質格差は均質化した"といわれるようになったことについてはすべてに述べたとおりである．たしかに，製品を司る中核技術のみに焦点を当てれば，競合他社との差別化は困難な場合があるかもしれない．ただし，それは"機能の個々のレベル"や"要素技術の個々のレベル"の話である．実際の製品に搭載されているものは，そのような特定の機能だけではない．また，機能を生み出した技術やノウハウ，システム，さらには，"その技術になぜ自社が着目したのか？その技術を重要だと思った理由は何か？"といった企業の価値観やモノづくり哲学など，プロポジションの中で語るべき要素や項目の数は少なくない．

さらに，プロポジション設計の対象が個別製品レベルではなく，事業レベルあるいは企業レベルの場合は，さらにプロポジションで扱える要素・項目数が一段と増える．企業組織は，様々な資源を有しており，研究能力，開発能力，数々の革新的要素技術，ノウハウ，設備，SCMやCRMなどの仕組み，企画力や問題解決力，部門をまたぐ組織能力など多岐にわたる．また，経営資源を広義にとらえるならば，モノづくりに込める作り手側の哲学や価値観，思想，企業文化，思考様式なども含まれる．これら経営資源のすべてをもってして"競合と大して変わらない"などということは決してあり得ない．そもそも，生まれも育ちも，文化も価値観も異なる二つの企業が，同じであるはずがない．

自社が有する経営資源のすべてをもってして，"自社だけが提供できる理想状態，あるいは，自社こそが提供するにふさわしい理想状態"を強く示すことが，良好なCS経営を推進するうえで重要なのではないだろうか．このような理想状態こそ，顧客が自社に対して期待

6.2 ブランド・プロポジション設計手続きの詳細

と共創欲求を抱き，そして，その理想状態の実現に向けて企業内部が自らを高める力を生み出す．そのためには，企業自らが保有する経営資源を俯瞰し，これらを総合化するという思考が必要になる．この着想が，自社だけが提供可能な顧客価値を明確にして，顧客から見て自社が代替不能で唯一絶対の存在へと導くと筆者は考えている．優れたブランド・プロポジションは，"自社経営資源の総合化" という自社洞察を通じて導かれるといっても過言ではない．

なお，先ほどの 4Q 洞察の中でも "True?" は，経営資源を総合化させるための "Q" として非常に重要である．"True?" は任意の二層間における必要十分性に着目した Q であると述べた．"上位概念" と "これを支える下位要素" の関係は，1 対 N の関係になる場合が少なくない．上位概念をより確かなものにするためには，これを支える下位要素を必要十分な数だけ揃える必要がある．概念の上下関係の妥当性を確認するための "Q" としての "True?" は，概念の上下関係を N 対 N という "要素総合化" を可能にし，本コラムでいうところの "経営資源の総合化" を実践することに大きく貢献する（図 6.9）．

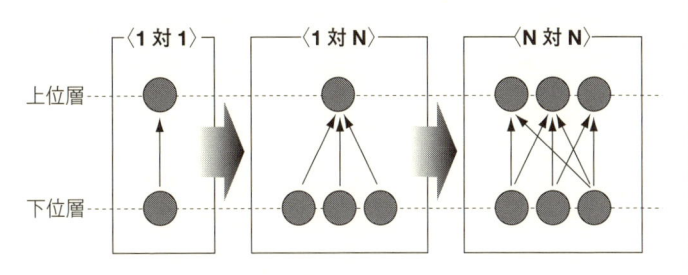

図 6.9 "1 対 1 の要素関係" から "N 対 N の要素総合化" へ

Step 4　VTree 要約による重要要素の抽出

次に，VTree の要約を行う．図 6.8 を見ればわかるとおり，実際の VTree は複雑な構造を成している場合が多い．このままの状態では，関係者の間で理解を共有することが困難なだけでなく，ブランド・プロポジション設計においても特筆すべきポイントを捉え損ねる恐れがある．そこで，図 6.10 に示すように，VTree のポイントを要約表現フレームに当てはめておくことをお勧めする．この図は，"要するに自社は，どのような能力（総合化された能力）をもって，どのようなありたい姿の実現を目指しているのか．そして，総合化された能力は，どのような個々の能力や資源によって下支えされているのか" というブランド価値構造の骨子を表している．

Step 5　ブランド・プロポジションの設計

最後のステップでは，先の VTree の要約を，ブランド・プロポジションの枠組みに沿って構造的にまとめる（図 6.11）．また，ブランド・プロポジションはあくまで骨子構造を示すものであるため，この骨子の内容を情感込めて文章化する場合が多い．これが企業の内外に対して発信される "ブランド・メッセージ" となる（図 6.12）．

6.2 ブランド・プロポジション設計手続きの詳細　　95

価値

特徴

未来に向けた自分らしい新たな一歩を踏み出せる

その人の"想い"をヘアスタイルで反映させる力

エアリーカット技術が髪のクセを顕在化させたままヘアスタイルをつくり，その人の本来の美しさを引き出す

イメージ診断システムがなりたいイメージを明確化させ，顧客の声にできない希望を顕在化させる

カルテが"想いの軌跡（その人の物語）"を残すことを通じて，スタイルを提案する

居心地のよい接客・店内空間が自分に集中し，自分を見つめ直すひと時を与える

ブランドが目指す姿
（顧客理想状態）
：未来に向けた自分らしい新たな一歩を踏み出せる

総合化された能力：その人の"想い"をヘアスタイルで反映させる力

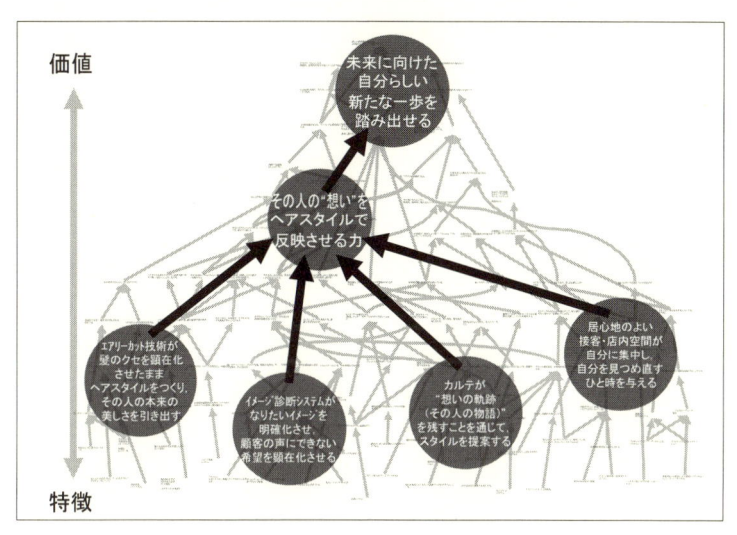

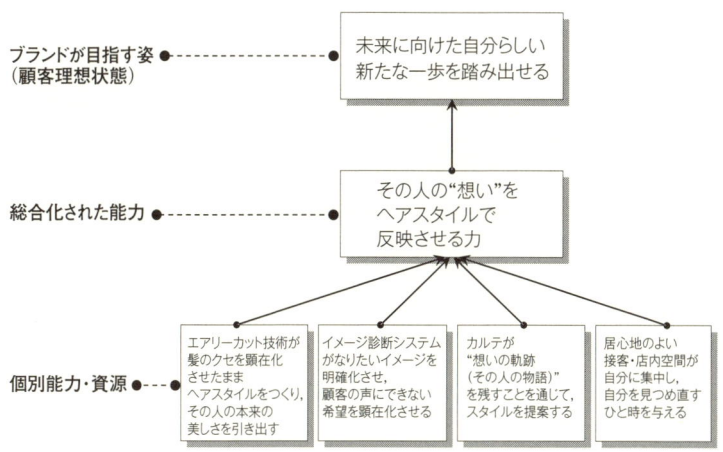

個別能力・資源：
- エアリーカット技術が髪のクセを顕在化させたままヘアスタイルをつくり，その人の本来の美しさを引き出す
- イメージ診断システムがなりたいイメージを明確化させ，顧客の声にできない希望を顕在化させる
- カルテが"想いの軌跡（その人の物語）"を残すことを通じて，スタイルを提案する
- 居心地のよい接客・店内空間が自分に集中し，自分を見つめ直すひと時を与える

図 6.10　VTree の要約

96　第6章　ブランド・プロポジション設計手続き：4Q洞察とVTree活用

```
【現状態】              【理想状態】
┌─────────┐          ┌─────────────────┐
│         │──────────▶│ 未来に向けた自分らしい │
│         │          │ 新たな一歩を踏み出せる │
└─────────┘          └─────────────────┘
          【実現│根拠】      ▲
         ┌──────────────────┼──────────────────┐
         │        ┌─────────────┐              │
         │        │ その人の"想い"を │              │
         │        │ ヘアスタイルで   │              │
         │        │ 反映させる力    │              │
         │        └─────────────┘              │
         │         ▲    ▲    ▲    ▲            │
         │ ┌─────┐ ┌─────┐ ┌─────┐ ┌─────┐      │
         │ │エアリーカット│ │イメージ診断 │ │カルテが  │ │居心地のよい│  │
         │ │技術が    │ │システムが  │ │"想いの軌跡│ │接客・店内空間│ │
         │ │髪のクセを顕在│ │なりたいイメージ│ │(その人の物語)"│ │が自分に集中し│ │
         │ │化させたまま │ │を明確化させ、│ │を残すことを │ │、自分を見つめ直す│ │
         │ │ヘアスタイルをつくり│ │顧客の声にできない│ │通じて、   │ │ひと時を与える│ │
         │ │その人の本来の│ │希望を顕在化 │ │スタイルを提案│ │       │ │
         │ │美しさを引き出す│ │させる    │ │する     │ │       │ │
         │ └─────┘ └─────┘ └─────┘ └─────┘      │
         └──────────────────────────────────┘
```

⬇

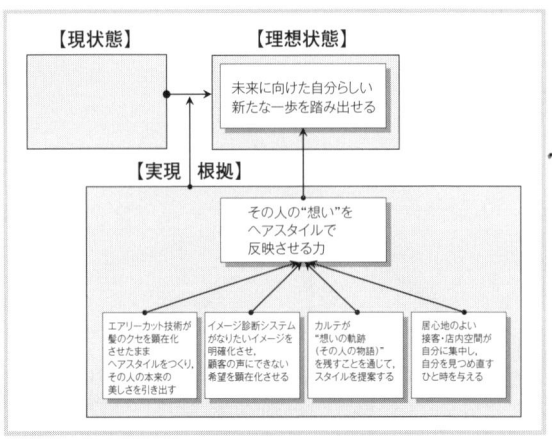

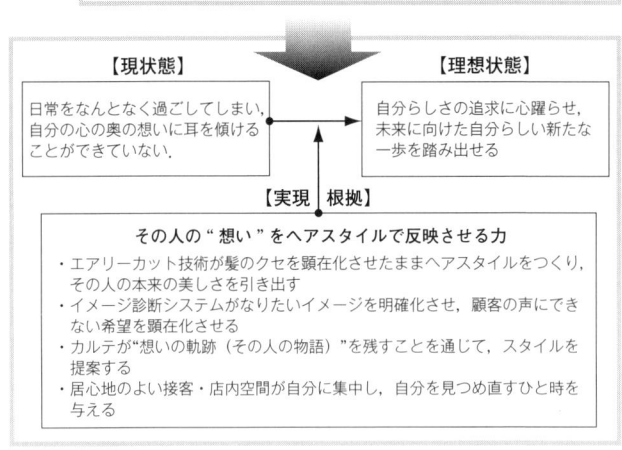

```
┌──────────────────────────────────────────┐
│  【現状態】                【理想状態】                    │
│ ┌──────────────┐      ┌──────────────┐      │
│ │日常をなんとなく過ごしてしまい、│──────▶│自分らしさの追求に心躍らせ、│      │
│ │自分の心の奥の想いに耳を傾ける│      │未来に向けた自分らしい新たな│      │
│ │ことができていない．    │      │一歩を踏み出せる      │      │
│ └──────────────┘      └──────────────┘      │
│              【実現│根拠】    ▲                 │
│      ┌──────────────────────────┐      │
│      │  その人の"想い"をヘアスタイルで反映させる力   │      │
│      │                              │      │
│      │ ・エアリーカット技術が髪のクセを顕在化させたままヘアスタイルをつくり、│      │
│      │  その人の本来の美しさを引き出す                │      │
│      │ ・イメージ診断システムがなりたいイメージを明確化させ、顧客の声にでき│      │
│      │  ない希望を顕在化させる                    │      │
│      │ ・カルテが"想いの軌跡（その人の物語）"を残すことを通じて、スタイルを│      │
│      │  提案する                          │      │
│      │ ・居心地のよい接客・店内空間が自分に集中し、自分を見つめ直すひと時を│      │
│      │  与える                           │      │
│      └──────────────────────────┘      │
└──────────────────────────────────────────┘
```

図 6.11　ブランド・プロポジションの完成

あなただけの，物語を綴る時間

髪は，その人の真実を物語っている．

"あんなふうになりたい"と思い，誰かを真似てみたところで，
そっくり同じになることはできない．
そう，髪は服のように，着せ替えることはできません．
表面的なファッションではありません．
決して同じ姿には止まらず，日々変化しながら，
あなたの心を繊細にカタチづくっている唯一のもの，それが髪なのです．

過去，そして今も，あなたの真実を知っている髪．
ならば，髪を知り尽くした私たちこそが，
あなたの未来への一歩のお手伝いができると信じています．

これまでのあなたは，目の前の日常をなんとなく過ごし，
自分の心の奥の想いに，耳を傾けることができていなかったかもしれません．
髪を通じて，これまでのあなたの想いを共に紐解き，向き合うことが，
新たなあなたに出会うことを可能にする．
あなたが，自身を見る目が変わり，
これからの新たな可能性に，心を躍らせるでしょう．

ここは，温かいスタッフが待ち受ける，あなたの秘密のアトリエ．
これまで，そしてこれからのあなたを余さず表現するヘアスタイルを創りあげる．
揺れる想いを，髪に投影させ，
それを綴り"あなただけの物語"に仕上げる場所．

それを可能にするのが，私たちオリジナルの技術とシステム．
写真を使うイメージ診断システムは，言葉にできないあなたの心をくみ取ります．
その心を，カット技術によって引き出した個性と融合させることで，
あなたの内面までを，美しいヘアスタイルで表現することができるのです．

出来上がったヘアスタイルは，
あなたの心，そしてあなた自身と向き合う喜びの履歴として，
特別丁寧にカルテにストックされ，物語は綴られていきます．

図 6.12 ブランド・プロポジションをもとに
文章化したブランド・メッセージ
（表現で使用した写真は著作権の都合によりイラストに置き換えた）

6.3 4Q 洞察及び VTree がもたらす効用

　以上，ブランド・プロポジション設計手続きの詳細を述べた．一連の手続きの中で最も重要なステップは，製品特徴や経営資源に対する 4Q 洞察である．4Q 洞察の最大の目的は当然のことながら優れたブランド・プロポジションを設計するためであるが，その本質は"自社を深く知り，新たな可能性に気づくこと"にあると筆者は考えている．ブランド・プロポジション設計に参画した実務家の感想がこのことを示唆している（表 6.3）．

　筆者は，企業から依頼を受けてブランド・プロポジション設計を手伝う際，常に依頼主企業の方々と一緒に取り組んでいるのであるが，ブランド・プロポジション設計は人材育成の性格ももっているようだ．演習ワークショップに召集されたメンバーの中でも特に開発や企画の方々の場合，演習のはじめのころは日ごろの業務内容とのあまりの違いに戸惑いを見せているが，回を重ねるごとに目の輝きが増している様子を筆者はこれまでに何度も経験した．やや大げさないい方ではあるが，4Q 洞察の最大の貢献は，"自分たちの会社の魅力や更なる可能性に気づき，そして，自分たちの潜在能力に自らが気づくことにある"ということなのかもしれない．

　ここ最近の傾向として，かつては"あるターゲット顧客に対する製品メッセージを作りたい"という依頼が圧倒的に多かったのであるが，最近では"人材育成プログラムとしてブランド・プロポジション設計演習を組み込みたい"という要請が増えている．このような展開になるとは筆者自身が全く予想していなかったが，我が国

表 6.3 ブランド・プロポジション設計に参画した
社員から寄せられた感想

- 自分の会社を深く考えるよい機会になった
- 自分の会社の存在意義もさることながら，自分の仕事の意義や目的を再認識することができた
- 自分が思っていた以上に，自分の会社はたくさんの資源をもっていることがわかった．これらを会社の全員で共有し，活かすことができれば，会社全体がもっとよい仕事ができると思った
- これまでも自社の強みを理解しているつもりでいたが，4Q洞察をやってみて，自社の強みは何なのかということを再認識することができた
- 自社の魅力に改めて気づくことができた．今まで会社や組織に対して不満をもっていたが，いやいや，自分の会社も捨てたもんじゃないですね
- 自社はまだまだ潜在能力を秘めていることがわかった
- 顧客がうちの会社となぜ取引を続けているのかということをもっと考えなければならないと思った
- 今後，さらなる顧客関係性の強化に向けて，自社が更に高めていくべき能力に示唆がもたらされた
- 将来に希望がもてた．自分の会社の将来に何か光を感じたからだと思う

産業界がさらなる飛躍を遂げることに少しでも貢献できれば本望である．

第7章 ブランドマネジメントと TQM の融合による今後の展望

本章では，ブランドマネジメントと TQM の融合がもたらす新たな可能性について具体的に考えてみたい．まず，7.1 節では，両者の融合による"品質の創造と管理に関する新たな着想"について，7.2 節では，"組織づくり・組織運営に関する新たな可能性"についてそれぞれ検討する．

7.1 品質の創造と管理に関する新たな着想

(1) ブランド・プロポジションに基づく魅力品質創造

本節では，"品質"をキーワードにして，ブランドマネジメントと TQM の融合がもたらすこれからの品質創造と品質管理の可能性について考えてみよう．まずは"品質創造"について本項で検討する．筆者が実際の開発案件で用いているアイデア導出のプロセスを表 7.1 に示す．魅力品質創造に向けた新しいアプローチとして，ブランド・プロポジションに基づく思考法をご紹介したい．

Step 1 ブランド・プロポジションに記された内容を確認する

一連の思考プロセスは，ブランド・プロポジションに記された内容を確認することから始める．以下，コンタクトレンズ製品を事例

102　第7章　ブランドマネジメントとTQMの融合による今後の展望

に考えてみよう（図7.1）．

① **理想状態の確認**："このブランドは，製品を通じて（製品の諸機能・諸特性を通じて），何を実現しようとしているのか"ということを確認する．事例の場合，"凛とした・やる気に満ちている印象を周囲に与え，イキイキと輝いている様子を自他ともに実感する"という理想状態の実現を目指していることを確認する．理想状態の確認とはすなわち，ブランドが目指す姿を確認することと同じ

表7.1 魅力的品質アイデアの導出ステップ

Step 1	ブランド・プロポジションに記された内容を確認する
Step 2	上位層に対する下位層の説明力に着目して新規アイデアを導出する
Step 3	導出された新規アイデアに対して魅力的品質判定を行う

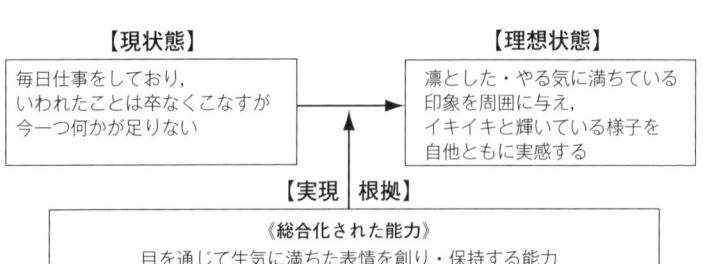

【現状態】
毎日仕事をしており，いわれたことは卒なくこなすが今一つ何かが足りない

【理想状態】
凛とした・やる気に満ちている印象を周囲に与え，イキイキと輝いている様子を自他ともに実感する

【実現｜根拠】

《総合化された能力》
目を通じて生気に満ちた表情を創り・保持する能力

個別能力1：非イオン性のレンズが，タンパク質の付着を防ぐ
個別能力2：含水率58％のレンズが，酸素を透過させる
個別能力3：エッジの薄いレンズが，瞼とレンズの摩擦を防ぐ
個別能力4：淡いブルー色のレンズが，表裏を明確にする

図7.1 コンタクトレンズ製品のブランド・プロポジション

だと思っていただいて構わない．

②　総合化された能力の確認："その実現に向けて当該製品は要するにどのような能力を発揮しているのか"ということを確認する．事例の場合，"表情を創る能力"ということになる．総合化された能力の確認とはすなわち，理想状態の実現に向けて当該製品が発揮すべき能力を確認することと同じだと思っていただいてよい．ここでいう"発揮すべき能力"は，具体的な製品の機能というよりも，"製品が担うべき役割"という意味合いに近い．

③　具体的な個別特徴の確認："前述の総合化された能力がどのような機能的な特徴から構成されているのか"ということを確認する．事例の場合，"非イオン性のレンズが，タンパク質の付着を防ぐ"，"含水率58％のレンズが，酸素を透過させる"，"エッジの薄いレンズが瞼とレンズの摩擦を防ぐ"，"淡いブルー色のレンズが表裏を明確にする"である．

以上の3項目を通じて，①当該ブランドが目指すことと，②その実現に向けて発揮すべき能力と，③今できていることを確認する．本ステップは具体的なアイデア導出に先がけた"与件の整理"に相当する．

Step 2　上位層に対する下位層の説明力に着目して新規アイデアを導出する

ブランド・プロポジション内容を確認した後，VTreeに立ち返って今後の製品アイデアの導出を試みる．なお，通常のVTreeは複

雑な構造を成しているため，筆者が当該ステップを実践する際は品質機能展開（QFD: Quality Function Deployment）の枠組みに沿ってVTreeを事前に層分けして整形しておく場合が多い（図7.2）．QFDとは，顧客の声を要求品質へ読み替え，品質要素や機能等を［目的—手段］の系列で展開する手法であり[1),2),3)]，この枠組みに沿ってVTreeを整形しておくとアイデアを導きやすくなる．

新規製品アイデアの導出は，①任意の二層に着目し，②上位層に

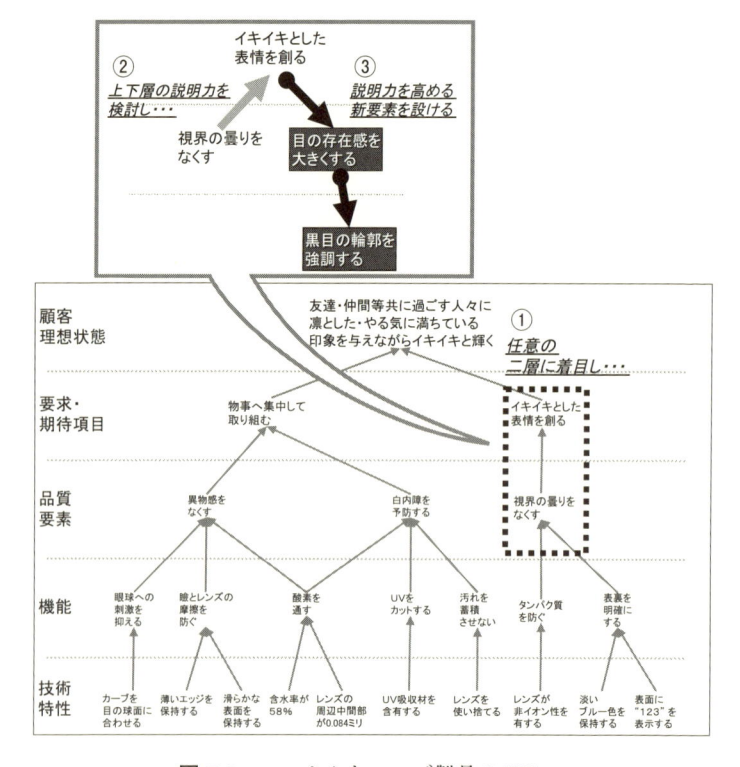

図 7.2 コンタクトレンズ製品の VTree

対する下位層の説明力を検討し，③説明力を高めるべく下位層に新たな要素を設ける，という要領で行うとよい．要するに，二層間の必要十分性を考慮して，不足分を新規要素で補うという要領である．例えば，図7.2の破線部分に注目してみよう．上位層の"イキイキとした表情を創る"に対して，下位層は"視界の曇りをなくす"という二層関係になっている．この二層関係に対して，"視界を鮮明に保つだけで，イキイキとした表情で活動できるようになるだろうか？"，"イキイキとした表情で活動できるようになるためには，視界の曇りをなくすだけで十分だろうか？"という建設的な疑いの目を向けることによって，新たに"（周囲から見た）目の存在感を大きくする"というアイデアが浮かぶ．その結果，新たな製品アイデアとして"黒目を強調する"が導出される．このような思考を繰り返すことによって，新しいアイデアが次々と生成される（図7.3）．

Step 3 導出された新規アイデアに対して魅力品質判定を行う

一連の思考によって導出された製品アイデア（図7.3）のうち，どれを今後の開発対象にするかという判断は，①現有の技術資産で対応できるかという観点と，②ターゲット顧客から見てどの程度魅力的かという観点の両方が必要になる．後者については"品質区分"の考え方に従って，各アイデアに対する魅力の程度を市場調査することが望ましい．導出された新規アイデアに対して企業側は"これはいける"と思っていても，ユーザ側では"私には関係ない"という無関心品質にとどまってしまう危険性が指摘されてい

106　第7章　ブランドマネジメントとTQMの融合による今後の展望

図 7.3　導出された新規アイデア

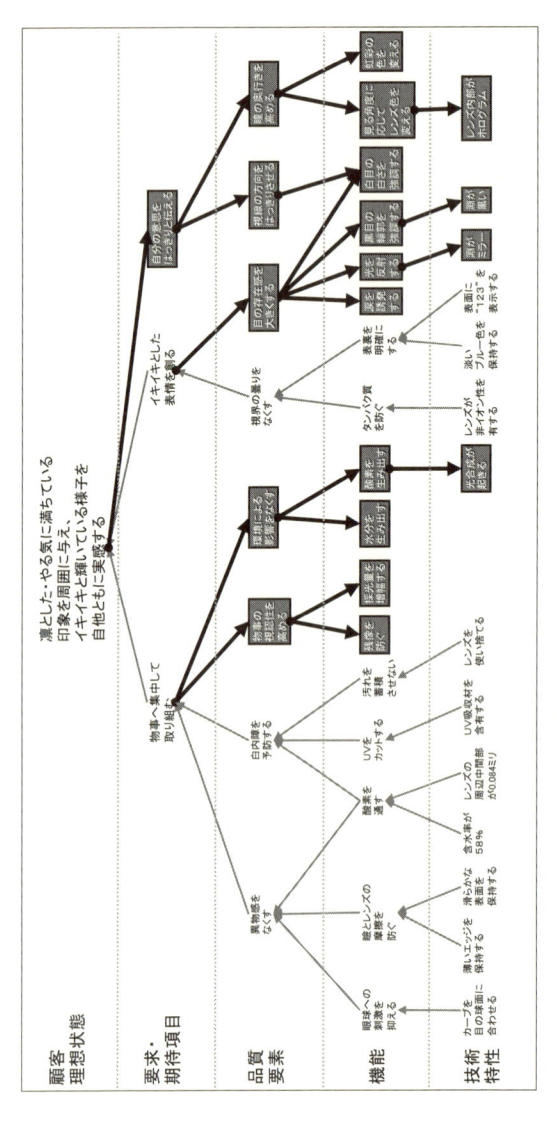

7.1 品質の創造と管理に関する新たな着想

る[4]．アイデアの個々に対して図 7.4 に示す二通りの訊き方をすることによって，企業側と顧客側のミスマッチを回避することが望ましい．

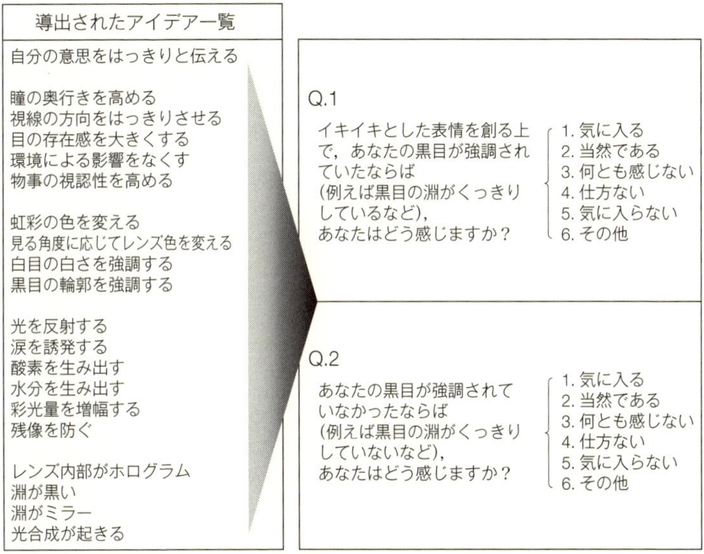

導出されたアイデア一覧
自分の意思をはっきりと伝える
瞳の奥行きを高める 視線の方向をはっきりさせる 目の存在感を大きくする 環境による影響をなくす 物事の視認性を高める
虹彩の色を変える 見る角度に応じてレンズ色を変える 白目の白さを強調する 黒目の輪郭を強調する
光を反射する 涙を誘発する 酸素を生み出す 水分を生み出す 彩光量を増幅する 残像を防ぐ
レンズ内部がホログラム 淵が黒い 淵がミラー 光合成が起きる

Q.1
イキイキとした表情を創る上で，あなたの黒目が強調されていたならば
(例えば黒目の淵がくっきりしているなど)，
あなたはどう感じますか？

1. 気に入る
2. 当然である
3. 何とも感じない
4. 仕方ない
5. 気に入らない
6. その他

Q.2
あなたの黒目が強調されていなかったならば
(例えば黒目の淵がくっきりしていないなど)，
あなたはどう感じますか？

1. 気に入る
2. 当然である
3. 何とも感じない
4. 仕方ない
5. 気に入らない
6. その他

図 7.4 導出されたアイデアの魅力の程度の把握

以上，ブランド・プロポジションを起点として新規製品アイデアを導出するプロセスについて述べた．ごく簡単な概説にとどまってしまったが，"どうやらブランド・プロポジションは新しい魅力品質の創造に役立つのかもしれない"という印象をおもちいただけたならば本望である．

実際の開発現場では，"何か新たな差別化要素はないか？"という観点からアイデアをやみくもに出そうとするケースが一部で見受

けられるが，差別化そのものは目的ではないはずだ．"自らが掲げたありたい姿，すなわち，VTree 最上位に記された顧客理想状態を更に高度に実現するために，今後，新たに何をすべきか？"ということを突き詰めて考えていけば，その結果は自ずと差別化される．差別化は目的ではなく，結果であることを強調して申し上げたい．

/コラム/

品 質 区 分

　従来，企業の現場では客観的な側面の充足度と主観的な満足感の関係を一元的なものととらえていた．つまり，品質を向上させれば顧客は喜ぶという認識である．この認識を正すべく，狩野らは物理的充足度を横軸に，主観的な満足感を縦軸にとった二次元的モデルを提唱した（図 7.5）[4]．ここでいう"当たり前品質"とは，充足されていることが当たり前であり，充足されていないと不満足に直結する品質要素という．また，"魅力的品質"とは，未充足だったとしても不満足には至らず，その一方で充足されたならば満足に至るという品質要素である．これらの二次元的な評価を行う場合，物理的充足状況の充足と不充足をペアにした質問を構成し，"気に入る"，"どちらでもない"，"気に入らない"，といったことを問う（前出の図 7.4 を参照）．具体例としてカメラ付携帯のカメラ画像を挙げるならば，"もしあなたのカメラ付携帯で撮った画像が悪かったならばどう思いますか？"と"悪くなかったらどう思いますか？"という質問になる．このペアの質問に対する回答を組み合わせることによって，顧客が当該品質要素を当たり前品質と判断しているのか，魅力的品質と判断しているのかを明らかにすることができる．また，実際の調査では，上記二つの区分に当てはまらないものも存在する場合がある．例えば，"充足され

ていなければ満足であり，充足されていると不満足"という品質要素や，"充足されていてもいなくても何とも感じない"という品質要素である．前者を"逆品質"，後者を"無関心品質"という．

　魅力的品質は，時の経過とともに［魅力的品質→一元品質→当たり前品質］へと変化していくことがいわれている．このことは，ひとたび魅力的品質の創造に成功したとしてもそれに安住せずに，継続的に魅力的品質を創造していくことの重要性を示唆している．また，魅力的品質だけが重要なのではない．魅力的品質をもった製品であっても，肝心の当たり前品質が十分なレベルに達していなければ市場で生き残ることはできない．当たり前品質を充実させつつ，そのうえで魅力的品質を創造し続けることが必要だといえよう．

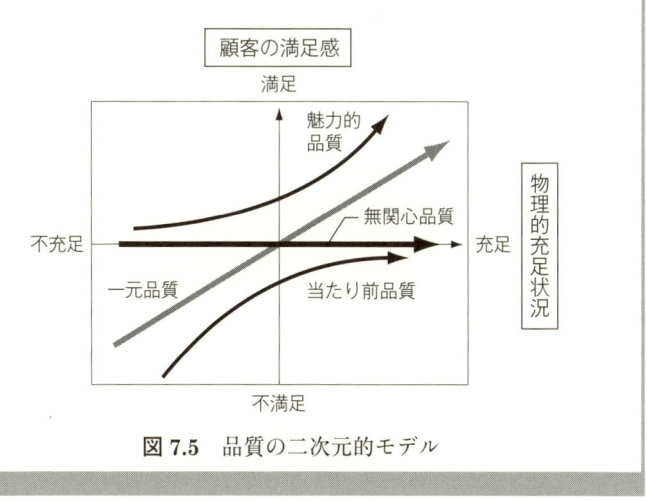

図 7.5 品質の二次元的モデル

（2） ブランド・プロポジションが示唆する"第3の品質"

　さらに，ブランド・プロポジションは"顧客の声をどう扱うか"についても新たな視点をもたらす．まずは事例を見てみよう．

110　第7章　ブランドマネジメントとTQMの融合による今後の展望

居酒屋にて

なぜ彼は私が気付いていなかったことを提案できたのでしょうか。
彼によれば、その糸口は私がシステムの改善を申し入れた日のお酒の席で私の放った何気ない一言がきっかけだそうです。

私の所属するマーケティング部門は、営業部門の支援ができなければ「存在理由」がないに等しいんです。

…と。

ということを意味している。

さらに換言すれば、「解析時間がかかるとは、営業部門の存在理由を示すことができない」

「解析時間がかかる」とはすなわち、「営業部門の商談スピードに同期できない」

彼は私の何気ない一言に対して、次のように反応したようです。

- 自部門の存在理由が示せない
- 営業部門に間に合わない
- 解析時間を短縮したい

【読み替えられた顧客の現状態】　【顧客の理想状態】
自部門の存在理由を示していない　→　自部門の貢献度が"見える化"された状態

彼は顧客である私の声を鵜呑みにするのではなく、「顧客の現状態」に対して「自部門の存在理由を示すことができていない」と意味づけしました。つまり、顧客の声を読み替えて現状態を設定したのです。そして、読み替えられた現状態をもとに、真のあるべき姿を彼なりに設定しました。

解析時間の原因はこれでよし、と…。加藤さんの含意を満たすためには営業部門にヒアリングも必要だな。

このような読み替えを可能にしたものは、「システムに関わるすべての人が各自の仕事で最高のパフォーマンスを発揮する」というシステム開発会社自らが掲げるブランド・プロポジションでした。

筆者は決して「顧客の声は意味のないものである」といっているのではありません。顧客の声は重要なのですが、この声に「そのまま応える」ことが顧客歓喜の創出にはならない恐れがある、といっているのです。

顧客は問題解決の当事者ではないゆえに、本人が顧客歓喜について直接的な関心事を語っているとは限らないのです。また、真の現状態と真のあるべき姿の周辺を語っているにすぎません。

多くの場合、真の現状態と真のあるべき姿について言及している場合が少なくありません。

これら声を用いて、真の現状態と真のあるべき姿を洞察する必要があるのです。

解析時間がかかる　→　【顧客の理想状態】解析時間の短縮　→　顧客満足
顧客の声

読み替え　読み替え

解析時間がかかる　営業部門に間に合わない　自部門の存在理由を示せない　→　【顧客の理想状態】自部門の貢献度が"見える化"された状態　→　顧客満足&顧客歓喜
顧客の声

システムに関わる人達が各自の仕事で最高のパフォーマンスを発揮する
システム開発会社のブランド・プロポジション

7.1 品質の創造と管理に関する新たな着想　111

事例：顧客の声を読み替えたシステム開発担当者

この事例は、ある広告会社の「ブランド力の定量的な分析システム開発案件」についての実話に基づくお話です。

このシステムのユーザであるマーケティング部門の人達は、分析時間の長さに困り果てていました。

「すぐに結果が欲しい」という営業部門の要請にアウトプットが間に合わないケースが多かった原因として、複雑な分析アルゴリズムが考えられました。

その顧客とは他でもない筆者本人です。

【顧客：筆者】

私はシステム開発の担当者に対して、「分析時間の短縮化」をお願いしました。

解析時間をなんとかして早くできないでしょうか。

【システム開発会社】

普通に考えた場合、私の声を聞いたシステム開発担当者の彼は私の理想状態を「解析時間の短縮」と、考えるでしょう。

【顧客の現状態】　【顧客の理想状態】
解析時間が長い → 解析時間の短縮

ところが、驚いたことに担当者である彼は私の予想を超えた提案をしてきたのです。

彼の提案は、「解析時間の短縮」のみならず「分析結果を営業部門に示す際の指標」も、編み出してくれたのです。

これはすごい…。

いやぁ、加藤さん、ひょっとしたらこんなのがあったほうがいいのかなと思いましてね。

彼の提案は、まさしく顧客満足を超えた顧客歓喜でした。

この例からわかるように，ブランド・プロポジションは顧客の声を理解する際にも効力を発揮する．そして，この例は"設計の品質"と"製造の品質"に続く，第3の品質の重要性を示唆していると思われる．

　現状におけるTQMでは，"品質とは，本来備わっている特性の集まりが，要求事項を満たす程度（JIS Q 9000）"という定義に基づき，品質のよさは"使用適合度"あるいは"要求適合度"といった尺度で表される．そして，"設計の品質"と"製造の品質"の向上が顧客満足につながると考えられている．なお，"設計の品質"とは，顧客の要求を製品の規格へ反映させる程度であり，"製造の品質"とは，その規格と実際の製品・サービスの適合の程度をいう．これらのことをまとめると，"顧客の要求に応えるべく，設計の品質と製造の品質を高めることが，顧客満足をもたらす"ということになるだろう[5]．

　しかし，本項で紹介した例は，設計と製造という二つの品質だけで顧客の満足を説明できない．"顧客の声を読み替えて，顧客の真の理想状態に迫る"というシステム開発担当者の読解力が，顧客満足に大きく寄与している．筆者はこれを，"読替の質"と呼んでいる．ただし，一口に"読替"といっても，ただやみくもに読み替えればよいということではない．だれが読み替えるかによって，読み替えられた結果が異なるということは望ましくない．だれもが適切に読み替えることができるためには，組織全体としての"読み替える際の拠り所"が必要になる．その拠り所こそ，ブランド・プロポジションなのではないかと考えている．先のシステム開発会社の例

7.1 品質の創造と管理に関する新たな着想

でいえば,この会社が自らのブランド・プロポジションの中で"システムにかかわるすべての人が各自の仕事で最高のパフォーマンスを発揮する"という理想状態を掲げていたからこそ,実際の声をもとにユーザを取り巻く仕事環境全体を考慮した新規提案をできたといえるのではないだろうか.ブランド・プロポジションには,"顧客の声を取り扱う際の方針を与える"というさらにもう一つの役割があることをご理解いただけると思う.

今後,設計と製造の品質に優れた企業間の戦いは,"顧客の声をもとにいかに真の顧客理想状態に迫るか"という読替の品質を巻き込んだものになっていくことが予想される.これからの時代に顧客満足及び顧客歓喜を獲得できるか否かは,読替と設計と製造という三つの質の向上にかかっているといっても過言ではない(図 7.6).
"顧客の声≒顧客ニーズ"という安易なニーズ認定が一部の企画・開発現場で見受けられるが,"顧客の声に真摯に向き合うこと"と"顧客の声を鵜呑みにすること"は全く違うことを肝に銘じる必要があるだろう.

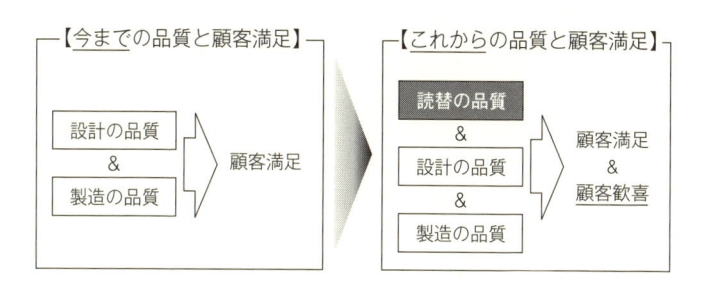

図 7.6 品質と顧客満足の関係

(3) 品質保証と価値保証：品質保証の考え方に対する新たな視点

　ここまでの議論は品質保証の考え方にも影響する．以下で述べることは私見の域を出るものではないが，次世代 TQM の確立に向けて"今後，保証の対象にすべきは何か？"という議論が読者のみなさんの間で活発になることを願って申し上げたい．

　これまでの"品質保証"の議論では，［品質＝要求適合度（あるいは使用適合度）］という品質定義のもとで，設計品質と製造品質が保証対象の中心に位置づけられてきたと思われる．平易ないい方をすれば，"顧客の要求にきちんと応えるべく，設計と製造の質を保証する"ということが現状における品質保証の中心的な考え方といえよう．これに対して筆者は，品質を"理想状態適合度"としてとらえ，"顧客の理想状態にきちんと応えるべく，ブランド・プロポジションに記された内容を保証すべき"と考えている．"要求に応えること（要求適合度）"と"理想状態に応えること（理想状態適合度）"は一見すると似ているが，表 7.2 に示す前提の違いに着目していただきたい．

　顧客の要求が自明あるいは明瞭だったかつての時代であれば，設計品質と製造品質の向上こそが顧客満足を獲得するうえで重要だったと思われるが，本章のここまでの議論からわかるとおり，今日の顧客の要求は自明ではない．今日の状況はあまりに違う．かつての渇望は一通り満たされ，社会が成熟化していく中で顧客のニーズ（必要性）をとらえることが一筋縄でいかなくなっている．顧客に要望を訊けば，彼らはなにがしか答えてはくれるが，その声を真に受けて改良を加えた新製品はマーケットシェアを飛躍的に上げるほ

7.1 品質の創造と管理に関する新たな着想

表 7.2 品質保証と価値保証

	品質保証の考え方	価値保証の考え方
品質の定義	要求適合度 (あるいは使用適合度)	理想状態適合度
立場	顧客中心,ただし "はじめに'顧客の要求' ありき"の立場	顧客中心,ただし "はじめに'顧客の理想状態'ありき"の立場
前提1	顧客は自らの要求を満たす程度に対価を支払う	顧客は自らの理想状態実現のために対価を支払う
前提2	顧客は自らの要求を知っている	顧客は自分の要求や期待を必要十分に言及することができない
上記記号表現	"顧客の声"≒"顧客の要求"	"顧客の声"⊂"顧客の要求・期待"
顧客満足及び顧客歓喜の獲得に向けた重要事項	要求は既にはっきりしているゆえに,これに応える設計と製造の質を高めることが重要だ	顧客の声をもとに,真の顧客理想状態を読み替える必要がある.そして,その理想状態の実現に必要な具体的な項目を"要求・期待項目"として的確に抽出する必要がある.その後は左記と同様
上記に基づく重要な質	(企画の質) 設計の質,製造の質	読替の質,企画の質 設計の質,製造の質

どのインパクトをもたらさなかったというケースが少なくない.顧客自身が将来のニーズをわかっていない可能性すらある中,それでもなお企業は革新的な製品・サービスの開発の必要性に迫られ,そして,顧客との長期にわたる良好な関係性を維持・強化していかなければならない.企業にとって大変な時代を迎えているといえるだろう.このような時代では,設計品質と製造品質がどれだけ優れて

いたとしても，ターゲット顧客の理想状態を実現するうえで必要な品質要素を企業が的確に設定できなければ，顧客歓喜はおろか顧客満足すら獲得することはできない恐れがある．顧客の声を真に受けただけの企画品質は，真の理想状態を実現するうえで十分ではない恐れがある．

　筆者としては，"保証すべきはブランド・プロポジションに記された内容である"という立場のもとで，"品質のよさは，理想状態適合性という観点から評価されるべきだ"と考えていきたい．なぜならば，第2章で述べたとおり，顧客は自身の理想状態実現に対価を支払い，そして，実現の内容と程度に対して満足や歓喜を抱くからだ．ブランド・プロポジションを保証することとは，製品・サービスを通じて顧客が享受する価値を保証すること，すなわち，"価値保証"にほかならない．高いレベルで価値保証しようとするならば，つまり，理想状態適合性を向上させるためには，"顧客の声を適切に読み替えて真の要求や期待をとらえ（＝読替の質），これを実現するにふさわしい品質要素に展開し（＝企画の質），その後，設計品質や製造品質へとつなげていく"ということが極めて重要になると思われる（図7.7）．この図は，顧客満足及び顧客歓喜を獲得するために企業が高めるべき品質を表したものであるが，既存の品質保証（狭義の品質保証）の範囲を超えていることをご理解いただけると思う．

　設計と製造の質は今後も品質保証の中核を成すであろうことはいうまでもない．しかし，顧客満足さらには顧客歓喜を獲得するためのこれからの保証システムは，狭義の品質保証（設計と製造の品質

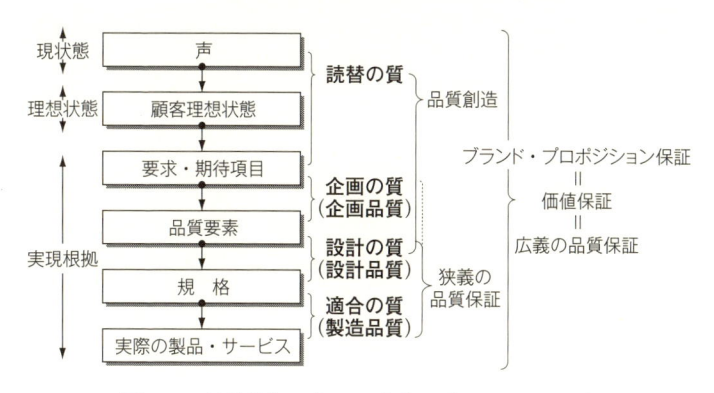

7.1 品質の創造と管理に関する新たな着想

図 7.7 価値保証に向けて企業が高めるべき品質

保証）に加え，品質創造（新たな品質要素の開発）の確からしさについても十二分に保証の枠組みの中に含めていくべきだと思われる．デザインレビュー（DR: Design Review）を例に考えてみよう．"製品の設計品質及びそれを具現化するために計画された製造・輸送・据付け・使用・保全などのプロセスについて，客観的に知識を集めて評価し，改善点を提案し，次の段階に進み得る状態にあることを確認する組織的活動の体系[6]" という DR は，品質保証活動の一つの形態として位置づけられているが[1),7]，現状においては "設計構造の矛盾や誤りなどの欠陥を未然防止する" という設計審査の意味合いが強い．今後は設計審査に加え，"ブランド・プロポジション実現に及ぼすインパクトを最大化する" という企画支援・審査の仕組みの高度化が求められよう．前者の "未然防止" に重きを置いた設計審査については，FMEA（Failure Mode and Effect Analysis）や DRBFM 手法（Design Review Based on Failure Mode）などの高度な方法論が確立されているが，後者の企画支援・

審査については一部の先進的企業を除き十分な仕組みが確立されているとはいえず，改善の余地が大いにあると思われる．

これからの品質創造の考え方について筆者が思うことを，過去に拝聴して感銘を受けた狩野先生のお話をもとに，もう少し補足させていただきたい．"質"という字源を中国に求めると，質という文字は，"バランスをとる"という意味合いがあるそうだ（図7.8）．そして，我が国における品質管理の歴史を，天秤に例えると図7.9のようにバランスのとり方が移り変わっているという[8]．顧客の基本的要求に応えさえすればよかった"Quality Control"の時代から始まり，顧客に聞いて明らかになった要求（明示的要求）に応える"Quality Management"の時代を経て，顧客の潜在的な要求に応えようとする"Quality Creation"という現在に至っている．

そして今日は，バランスのとり方が更に進化しようとしているように思われる．そのイメージとは，"顧客と企業が理想状態を共有し，要望と品質要素をお互いに出し合って，天秤の左右の皿をそれぞれ重くしていきながら，バランスをとり続けていく"というもの

図 7.8 質の字源

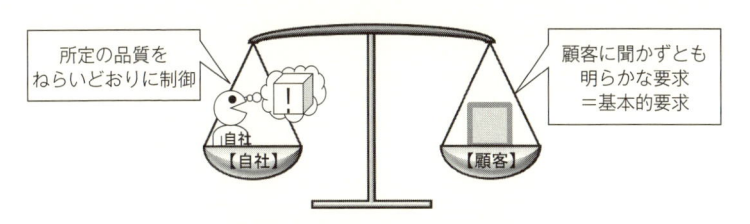

7.1 品質の創造と管理に関する新たな着想

Quality Control 〜1950年代〜
適切な和訳：質統制，質制御，質監理

- 所定の品質をねらいどおりに制御【自社】
- 顧客に聞かずとも明らかな要求＝基本的要求【顧客】

基本的要求に適合しているだけではモノが売れない時代へ
顧客の製品選択の基準に"自分の好みに合うかどうか"という観点が加わり，製品に仕様が求められるようになる

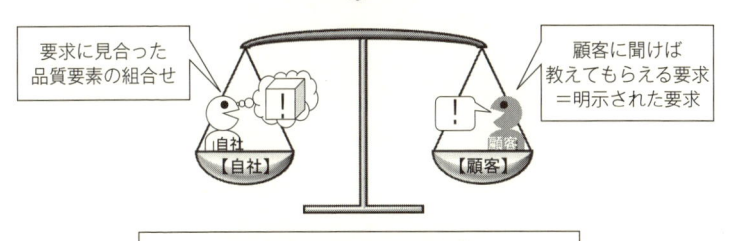

Quality Management 〜1970年代〜
適切な和訳：質管理，品質管理

- 要求に見合った品質要素の組合せ【自社】
- 顧客に聞けば教えてもらえる要求＝明示された要求【顧客】

顧客の要求自体が不明瞭な時代へ
既存顧客及び見込み客との十分なコミュニケーションを通じて，彼らの潜在的な要求にも十分に目を向ける必要が出てきた

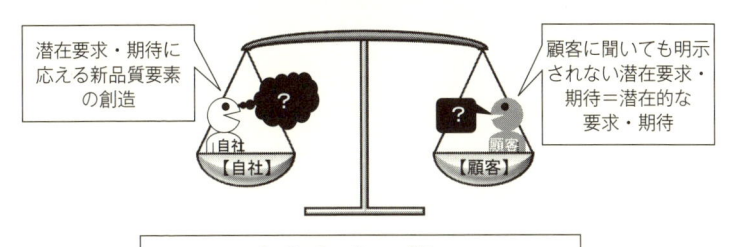

Quality Creation 〜今日〜
適切な和訳：品質創造，魅力的品質創造

- 潜在要求・期待に応える新品質要素の創造【自社】
- 顧客に聞いても明示されない潜在要求・期待＝潜在的な要求・期待【顧客】

図 7.9 TQM の歴史的推移

だ（図 7.10）．"ある時点でバランスがとれている"ことは，その時点での顧客要求と品質要素が釣り合っていることを意味する．これはその時点で顧客満足状態にあることを表す．そして，"今後，左右の皿を共に重くしていきながら，バランスをとり続けていく"ということは，第5章で述べたとおり，顧客と自社が共創して理想状態の実現に少しでも近づこうとしていることを意味している．その際"理想状態を実現したい．しかし，その実現に向けて天秤の左右の皿に何を載せていけばよいのか具体的アイデアがない"という方がいるだろう．だからこそ，顧客関係性に意味があるのだ．最も重要なことは，理想状態を顧客と自社が共有し，一緒にこれを実現したいという共創欲求を抱くこと．理想状態の共有と共創欲求は，天秤の左の皿と右の皿に載せる要素を増加させ，そして，左右の皿のバランスをとっていこうという志向性を与える．お互いがアイデアを出し合い，その結果として新たな均衡状態を創出できたときに，顧客歓喜が生まれるのではないだろうか．この共同作業に終わりはなく，永遠に続く．これが真の顧客関係性なのではないかと筆者は考えている．"歓喜"の主は顧客だけではない．創意工夫によってバランスできたとき，自社も歓喜するだろう．顧客歓喜ではなく，相互歓喜といったほうがよいのかもしれない．

　設計品質と製造品質に着目した品質保証の考え方は今後ももちろん最重要事項であることに変わりはない．ただし，これからの品質保証としては，"いかに天秤の左右の皿をそれぞれ重くしていきながら，バランスをとり続けていくか"という品質創造の観点も保証の仕組みの中に取り入れていく必要があるだろう．その際，"理想

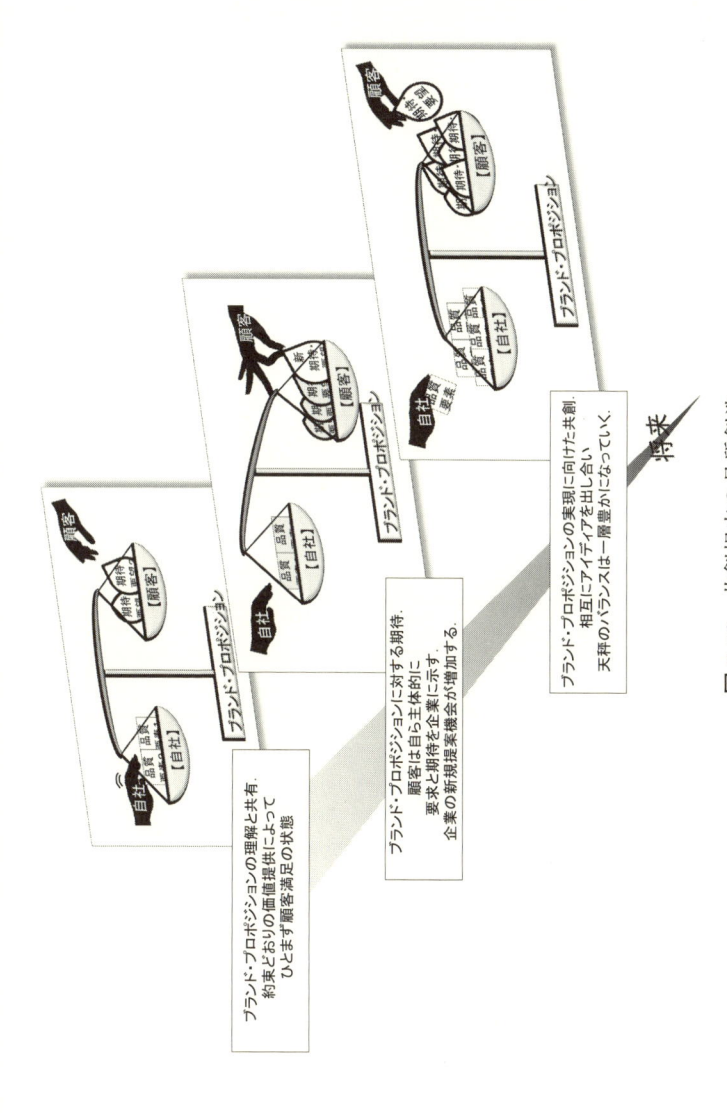

7.1 品質の創造と管理に関する新たな着想　　121

ブランド・プロポジションの理解を共有．
約束どおりの価値提供によって
ひとまず顧客満足の状態

ブランド・プロポジションに対する期待．
顧客は自らを主体的に
要求と期待を企業に示す．
企業の新規提案機会が増加する

ブランド・プロポジションの実現に向けた共創．
相互にアイデアを出し合い
天秤のバランスは一層豊かになっていく．

将来

図 7.10　共創視点の品質創造

状態の共有と,その実現に向けた情報のやりとり"というコミュニケーションの仕組みを品質保証システムの中で確立することも重要になってくると思われる.このような発想は,品質保証の考え方を新たにするものであり,"拡張された品質保証(広義の品質保証)"あるいは"価値保証"と呼ぶにふさわしいのではないだろうか.

7.2 組織づくり・組織運営に関する新たな可能性

(1) 全社一丸となった実行力の向上

現在のインターナル・ブランディングは,"組織の自己革新"に重きを置いているものの,実際には組織文化や風土の再構築にとどまっている感が否めないことについては第1章で述べたとおりである."強い組織づくり"を標榜するのならば,意識のレベルにとどまらず,行動のレベルまで高めていく必要があるだろう.そのためには,組織が一丸となって行動することをサポートする方法論が欠かせず,この点において,方針管理が極めて有効だと思われる.方針管理とは,経営基本方針に基づき,長(中)期経営計画や短期経営方針を定め,それらを効率的に達成するために,企業組織全体の協力のもとに行われる活動である[9].全社レベルの目標を,各事業部や各部門の目標にブレークダウンしていく方針管理の考え方は,インターナル・ブランディング活動が真に"強い組織づくり"として結実するために欠かすことができない.

一方,方針管理にとっても,ブランドマネジメントの考え方が有用だと思われる.方針管理の運用上の不具合として,"上位方針と

7.2 組織づくり・組織運営に関する新たな可能性

下位方針の間における妥当性の欠如[10),11)]”,"上位方針から各部門への機械的な割付け[12)]"といったタテの不具合や,"各部門方針の間における連関の希薄さ・統一感の欠如[10)]”,"各部門や各機能の担当者相互間の連携と協力体制の弱さ[11)]"などのヨコの不整合が一部で指摘されており,このことに焦点を当ててもう少し考えてみたい.

このような不具合が発生する原因として,方針展開の自由度の大きさや,いわゆる成果主義により各部門が自部門の目標を優先させてしまうことなどが考えられる[11)].前者の展開自由度については,上位方針から下位に方針を展開する際に複数通りの展開が存在し得ることを指しており,このことが企業全体として見ると随所に方針間の不整合を生み出す原因になっているように思われる.また,後者の自部門目標を優先してしまうことについては,バランスト・スコアカードなどの優れた方法論が提案されているが,予算管理や業績評価,さらには人事考課が絡むため問題は非常に根深い[13)].

これらの問題を完全に解決するには数々のハードルが立ちはだかってはいるが,タテの不整合とヨコの不整合を克服する突破口の一つとして,仕事の目的と意義,自部門及び従業員個人の存在理由をもう一度全社レベルで徹底して理解を深めるという方法があるように思う."何のために働くか?","我々は顧客から見てどういう存在でありたいのか?"といった目的・意義,存在理由の理解は,方針を展開していくうえで必ずしも必要なことではないのかもしれない.しかし,目的や意義を各部門並びに従業員各人が深く理解することは,掲げた目標の実現に向けてより妥当な下位方針(あるい

は方策）を考案することを促進し，そして，社員一人ひとりの本気や必達感を高める．この点においてブランド・プロポジションは一役買うことができるのではないかと考えられる．ブランド・プロポジションには"自分たちが目指すこと"や"顧客から見た自社存在理由"が表されている．"何のために働くのか？"という問いの答えを示しているともいえるブランド・プロポジションは，すべての組織構成員が方針策定過程で当事者意識をもつことに寄与し，結果として方針間の妥当性と整合性を向上させることに貢献することが期待される（図 7.11）．

タテの不整合
方針の展開自由度が大．結果，方針が下位へ展開される際，複数通りの展開が存在してしまう

ヨコの不整合
成果主義の浸透．結果，自部門の目標を優先させてしまう

我々が働く
目的・意義・存在理由

ブランド・プロポジション

全社一丸

・妥当性のある下位方針(方策)の考案促進
・社員一人ひとりの本気度向上

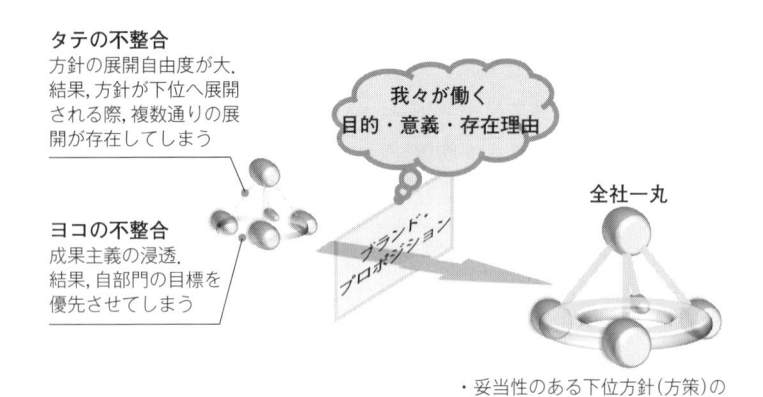

図 7.11　方針管理とブランド・プロポジションの融合

（2） 部門横断型の組織能力の向上

ブランド・プロポジションの実現には，複数の部門による協調が

7.2 組織づくり・組織運営に関する新たな可能性

欠かせない．このことは，複数の経営資源が総合化された様子が描かれている VTree を見れば明らかである．では，どうすれば各部門の主体的な協調を促すことができるだろうか．そのヒントは，第5章で述べた"組織学習"にあると考えている．組織レベルの学習は，従業員各人が"将来性"と"組織内地図"を理解したときに活性化すると述べたが，これら二つの要件は VTree の中で網羅できると筆者は考えている．

図 7.12 を見ると，VTree 最上位には企業自らが掲げる"ありたい姿"が記されている．従業員各人が企業に対して将来性を見い出せるか否かは，VTree 最上位に記された"ありたい姿"に対して魅力を感じることができるかどうかということに大きくかかわっていると思われる．

また，"ありたい姿"の実現には，多くの能力がかかわっている

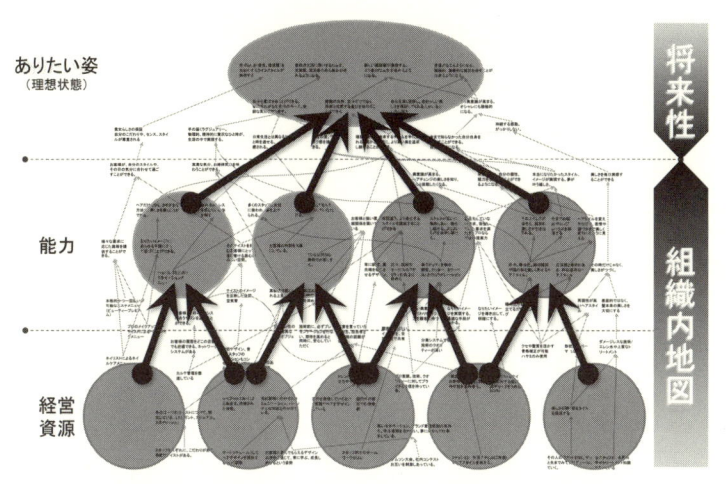

図 7.12 VTree における組織内地図と将来性

ことが同図からわかる．これらの能力は複数の部門に散在していて，さらに，複数の部門の連携によって発揮できる能力が少なくない．VTree をていねいに描いていれば，すべての部門はなにがしかのかたちで"ありたい姿"の実現にかかわっている様子が表されているはずだ．つまり，VTree には，"自部門のどのような能力が，他部門のどのような能力と相まって，ありたい姿の実現に貢献しているのか"ということが表されている．これを理解することこそ，組織内地図を理解するということなのではないだろうか．

　以上のことから，組織学習を活性化させる二大要件（"将来性"と"組織内地図"の理解）は，VTree という絵の中で表現できると考えられる．逆のいい方をすれば，組織学習に必要な二大要件を満たせるように VTree を描くべきだということになろう．

　このように VTree は，組織学習の素地を整えることに寄与するものと思われる．これに組織的な取組みを効果的に推進するための各種 TQM 手法が組み合わさることによって，図 7.13 に示すような全社一丸となった組織能力向上のためのマネジメントが可能になるのではないだろうか．そのマネジメントとは，"現状の能力構造"と"企業自らが掲げたブランド・プロポジションの実現に向けた望ましい能力構造"のギャップを埋めていくというマネジメントである．この推進には企業全体として相当の決意を要するが，トップの強いリーダシップやコミットメントと，従業員各人の高いモチベーションがあれば，価値創造の仕組みは必ず高度化していくだろう．

　本項に関連する TQM の方法論として"機能別管理"が挙げられ

る．機能別管理は，品質／原価／量／納期といった経営基本要素ごとに全社的目標を定め，それを効率的に達成するために各部門の業務分担の適正化を図り，かつ部門横断的に連携・協力して行われる活動である[9]．品質機能(Q)，原価機能(C)，量・納期機能(D)の三つが代表的な経営基本要素として知られている．本項でいうところの"能力"と，機能別管理でいうところの"機能（＝経営要素）"は意味合いが異なるため，本書として機能別管理の新たな視点を直接的に申し上げることはできないが，筆者としては，部門横断型の管理として"能力（＝ありたい姿の実現を支える能力）"に着目し，将来的には"能力別管理"と呼べるような新たな管理枠組みを作り上げたいと考えている（図 7.13）．

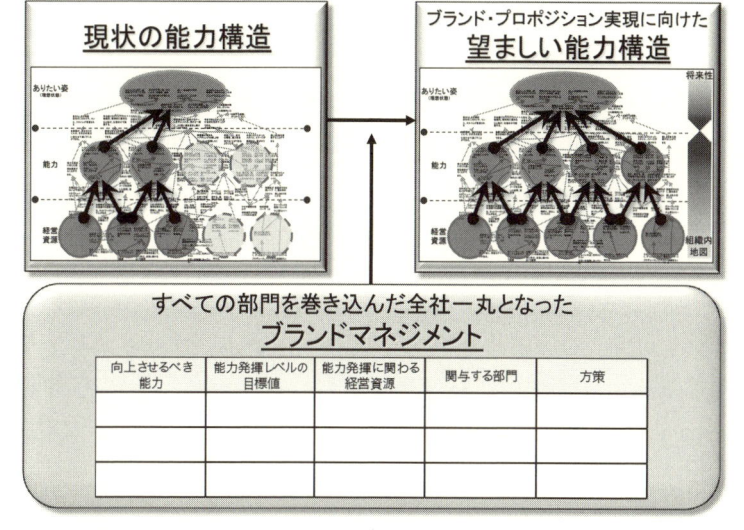

図 7.13 "能力"に着目した次世代ブランドマネジメント

（3） 現場における問題解決力の向上

　現場における問題解決力の向上は，TQM の最大の関心事の一つといっても過言ではないと思われる．問題解決型 QC ストーリーなどの各種手法が，従業員個々人に考え抜く術を与えたという点で極めて大きな貢献を果たしたことは周知の事実である．組織の自己革新を目指すインターナル・ブランディング活動にとって，これらの問題解決手法を取り入れることは，ブランドの"ありたい姿"を単なるスローガンに終わらせず，優れた経営業績に結びつけていくことに向けて大きな前進となるだろう．TQM において"問題とは，目標と現状のギャップ"であり，"問題解決とは，差異を生み出す原因を究明し，対策を講じること"をいう．このことから，高度な問題解決には，"目標を適切に定める力"と"現状を正確に把握する力"と"原因構造を究明する力"が求められるといえる．TQM は後者二つの力については既に高度な方法論やツールが開発されているが，"目標"の取扱いについてブランド・プロポジションの考え方が更に有効だと思われる．

　目標の設定は，"達成すべき目標は何か？"ということと，"目標の達成レベルをどれくらいに設定するか？"という 2 点に分けられる．達成すべき目標が所与の場合は，達成水準を定めさえすれば，それで目標設定は完了したことになる．"達成すべきは，不良発生を抑制だ"というお題目が既に存在しているもとで，"不良発生率○％削減"という目標値の設定が典型であろう．しかし，当然のことながら，目標のすべてが所与というわけではない．

　不具合で溢れ返っていたかつての時代は，"達成すべきことは何

7.2 組織づくり・組織運営に関する新たな可能性

か?"といったことは考えるまでもなく,なかば自明だったのかもしれない.なぜなら,達成すべき目標は既に存在していたからだ.現状態は"いま目の前にある不具合状態"であり,あるべき姿はほぼ自動的に"不具合が改善された状態"になっていたと思われる.現状における不具合さえ認知できれば,目標は見えたも同然だった(図 7.14).かつては不具合のレベルが甚大だったため,[目標＝現状における不具合が解消された状態]という設定でも十分に大きな効果を得られた.ベンチマーキングやベストプラクティス,問題解決型 QC ストーリーなど,現状把握や要因分析に優れた方法論や手続きは,無駄や非効率といった現状不具合を解消するうえで強力に寄与したと思われる.このような"改善"は我が国の製造業が飛躍する原動力となり,これが 1980 年代に圧倒的な国際競争力をもたらしたといっても決して過言ではないだろう.

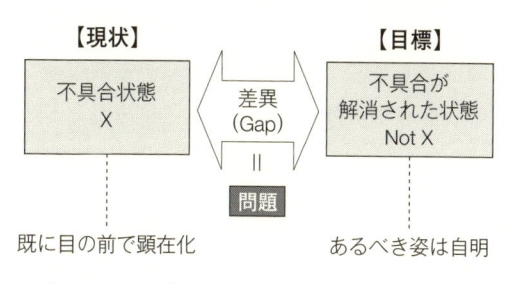

図 7.14 改善活動における"目標"の扱い

しかし,これからの時代は状況が違う.かつてと比較して,不具合は相当程度解決されている.無論,この先も改善活動は必須であるが,現状不具合を解決するだけで飛躍的な事業の成長を期待できる時代ではない.次なる競争優位を企業自らがゼロベースで新たに

創出していかなければならない．改善活動を"既存の事象に対して働きかける活動"と見なすならば，これからの競争を勝ち抜くためには"無から有を作り出す創造の活動"も欠かせない（図 7.15）．

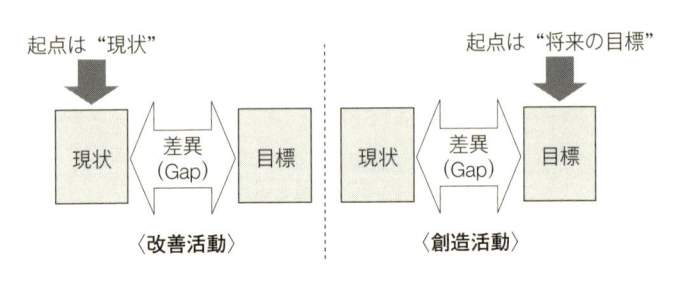

起点は"現状"　　　　　　　　　　　起点は"将来の目標"

現状 ⇔差異(Gap)⇔ 目標　　　現状 ⇔差異(Gap)⇔ 目標

〈改善活動〉　　　　　　　　　　　　〈創造活動〉

図 7.15 改善活動と創造活動の起点の違い

では，これからの創造活動に向けて，現場が鍛えるべき力は何だろうか．その筆頭は，"達成すべき目標を創造する力"であろう．現場一人ひとりが，自らの強い問題意識に基づいて達成すべき目標を次々と創造していくことが極めて重要である．では，新たに目標を創造しようとする際，その創造の拠り所は何だろうか．その一つとして，中長期経営目標や年度方針，上位方針などの経営方針を目標創造の拠り所にするという考え方が提案されている[14]．このほかにも，企業の理念やビジョンを拠り所にするという主張もあり[15]，筆者はこれに特に注目したい．理念やビジョンに着目する考え方は，後述する理由により，我が国文化の特性に適していると思われる．自己実現欲求を人間の最上位欲求に位置づけているマズローの欲求 5 段階説は我が国に当てはまらず，我が国の最上位の欲求は"自己実現欲求"ではなく，"承認（尊重）欲求"であるといわれている．これは日本人の動機づけが"自分の行動が組織に効果をもた

7.2 組織づくり・組織運営に関する新たな可能性

らすことを認識し,組織からどのように評価されているかを知ること"によってもたらされることと密接に関連している.組織がどのような組織的効果を目指し,どのような評価を得るのかという,"努力のベクトル"を共振させることで,従業員各人に動機づけのサイクルが生まれるという[16].このような日本人の動機づけ要因の特徴を踏まえると,"全従業員で共有された企業の理念やビジョンのもと,自らがゼロベースで目標を創造し,これを実現することによって各人の欲求を満たす"という着想は,自ら主体的に目標創造に取り組むうえで理に適っていると思われる.現場一人ひとりが自ら目標を生成するうえで,理念やビジョンが果たす役割は極めて大きい.

7.1節(1)を振り返ってみると,一連の思考プロセスの初動時に行ったことは,ブランド・プロポジションの確認だった.ブランドが目指すありたい姿を確認した後に,"ありたい姿の実現に向けて,達成すべきことは何か?"という,目標の候補を次々と生成する思考プロセスだったといえる.なお,ここでいう"ありたい姿"は,TQMでいうところの"ありたい姿"とは異なる.TQMにおけるありたい姿は"これから設定しようとする目標"を指している.つまり,本書でいうところの"創造された目標"がTQMにおけるありたい姿に相当する.7.1節(1)におけるありたい姿は,ブランドが目指す"究極的なありたい姿"といったほうがよいだろう.そして,7.1節(1)における一連の思考プロセスは,ブランドが目指す究極的なありたい姿をもとに,具体的なありたい姿(将来の目標)の候補をアイデアとして導出する過程だったといえる.究極的なありたい姿という最終目的地を見据えているからこそ,

"踏み出すべき次の第一歩（直近で実現すべき具体的な姿）はこれだ！"とひらめくことができるといえるのではないだろうか．このように，ブランド・プロポジションは，現場担当者が目標を創造する際の拠り所として機能する．逆のいい方をすれば，そのような思考の拠り所になるようにブランド・プロポジションを示すことが重要だといえよう．7.1節(1)の事例は企画部門における一例であるが，同様の思考プロセスをすべての部門で実践することにより，ブランド・プロポジションは，組織全体における目標創造力を向上させる可能性を秘めており，これによって，現場の問題解決力は更に向上することが期待される．最終目的地としての究極的なありたい姿が組織に明示されているからこそ，各部門の現場は最終目的地を見据えて直近あるいは近い将来に達成すべき"ありたい姿"を創造する．そして，そのようなありたい姿を実現するための"PDCA"が継続的に行われることによって，"SDCA"における"スタンダードとしてのあるべき姿"が確立される（図7.16）．根源的なレベルで組織が共有すべきは，究極的なありたい姿であり，究極的なあり

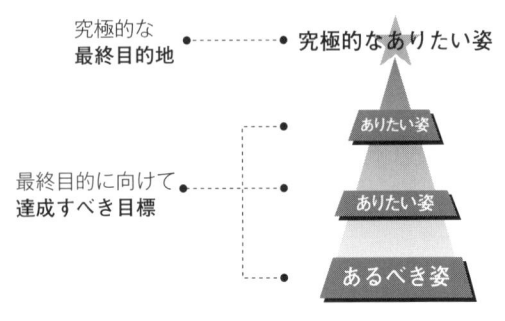

図 7.16 ありたい姿とあるべき姿

たい姿があるからこそ，ありたい姿（今後の目標）と，あるべき姿（業務の標準）が定まるといえるのではないだろうか．

本項では，現場における問題解決力の更なる向上に焦点を当てて検討した．ブランド・プロポジションとは，"究極的なありたい姿"を示したものであり，現場一人ひとりが自らの強い問題意識をもとに新たな目標を創造する拠り所となる．TQMの各種手法は，"いかに達成するか"，"いかに解決するか"という"How to do"に圧倒的な強みをもっていると筆者の目に映っているのであるが，ブランド・プロポジションは，このうえさらに，"自分たちは今後，何を達成すべきか"という"What to do"を考える力を向上させる可能性を秘めている．これまでの"現状把握力"と"原因究明力"に加え，高度な"目標創造力"を現場が身につけたとき，いよいよ改善と創造の両輪が完成する．現状把握力と原因究明力に優れた企業においては特に，目標創造力がもたらす効果は計り知れない．夢と希望に満ち溢れた究極的なありたい姿を起点として，その実現に向けて直近で達成すべき具体的目標をありたい姿として定めるというアプローチが今後の現場力向上の視点として有効だろう．現状把握力と原因究明力に加え，新たに目標創造力が確立されたとき，最強の問題解決体系が完成するといえるのではないだろうか（図 7.17）．

134 第 7 章 ブランドマネジメントと TQM の融合による今後の展望

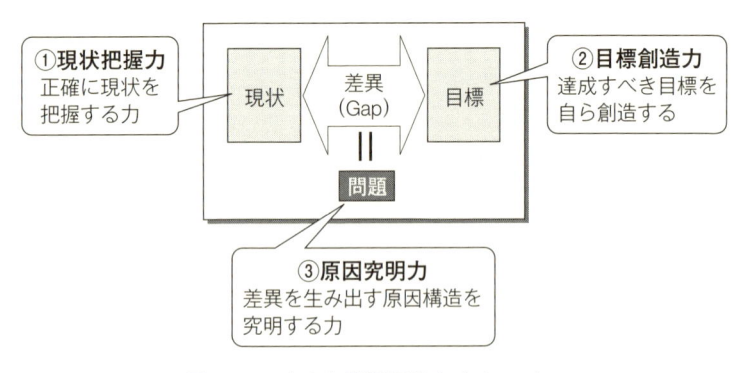

```
①現状把握力              ②目標創造力
正確に現状を              達成すべき目標を
把握する力               自ら創造する

    現状 ◁ 差異(Gap) ▷ 目標
              =
            問題

③原因究明力
差異を生み出す原因構造を
究明する力
```

図 7.17 高度な問題解決を支える三つ

7.3 まとめ：TQM との融合がもたらす新しいブランドマネジメント

　以上，本章ではブランドマネジメントと TQM の融合がもたらす可能性について検討した．両者の融合は，顧客を含むすべてのステークホルダーに対する説明責任の向上と，ありたい姿の実現に向けた組織能力の向上をもたらすと確信している（図 7.18）．

　"ブランドマネジメントとは"という質問の答えは，TQM とは何かを答える以上に難しく，人によって微妙に見解が異なるが，もともと広告コミュニケーション分野から登場した背景から，"対外的コミュニケーションの管理"という意味合いが強かったと思われる．かつては"対顧客コミュニケーション"だったものが，昨今のインターナル・ブランディングや CSR，IR などによって，"対従業員"，"対外部ステークホルダー"などコミュニケーション対象が広がりを見せているが，いずれにせよコミュニケーションの管理を軸

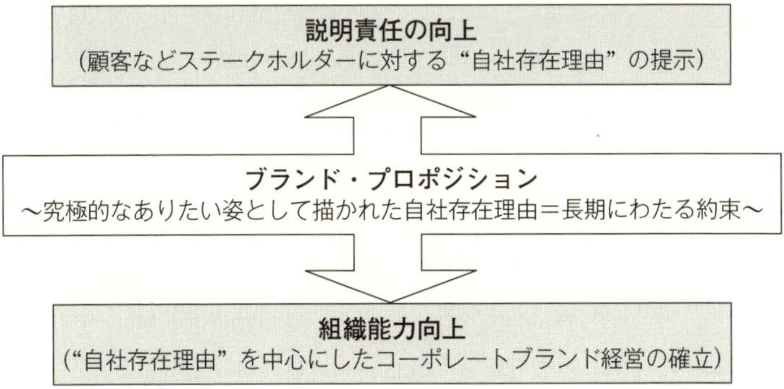

7.3 まとめ：TQMとの融合がもたらす新しいブランドマネジメント

```
┌─────────────────────────────────────────────┐
│           説明責任の向上                     │
│ (顧客などステークホルダーに対する"自社存在理由"の提示) │
└─────────────────────────────────────────────┘
                    ⇕
┌─────────────────────────────────────────────┐
│         ブランド・プロポジション               │
│ ～究極的なありたい姿として描かれた自社存在理由＝長期にわたる約束～ │
└─────────────────────────────────────────────┘
                    ⇕
┌─────────────────────────────────────────────┐
│           組織能力向上                       │
│ ("自社存在理由"を中心にしたコーポレートブランド経営の確立) │
└─────────────────────────────────────────────┘
```

図 7.18 ブランド・プロポジションがもたらす二つの効果

にしていたと思われる．

TQMとの融合は"組織能力の向上"という新たな領域をブランドマネジメントにもたらすことから，ブランドマネジメントにとってTQMと融合する意義は極めて大きい．TQMとの融合によって可能になる新しいマネジメントを，旧来のブランドマネジメントと比較したものを示した図 7.19 からわかるとおり，旧来のブランドマネジメントは"知覚（ブランドに対する顧客の知覚）"に焦点を当てる傾向があるのに対し，TQMと融合した次世代ブランドマネジメントとしては，"能力（ブランド・プロポジション実現にかかわる能力構造）"に着目したい．"今後，自部門（あるいは自分）は，どのような能力を高めていくべきか？"という視点から，活動計画が立案され，各種 TQM 手法を駆使して，組織全体を俯瞰した能力レベルを向上させていく．これが筆者の理想的なイメージである．今後，"ありたい姿の実現に向けた，組織能力のマネジメント"という観点から次世代ブランドマネジメントをぜひとも確立し

【今までのブランドマネジメント】

ブランドイメージ	ブランドアイデンティティ
受け手が保有するブランド知識／現状のブランドイメージ	望ましいブランド知識／形成すべきブランドイメージ

広告宣伝部門やマーケティング部門が中心となった**ブランドマネジメント**

【これからのブランドマネジメント】

現状の能力構造	ブランド・プロポジション実現に向けた**望ましい能力構造**

すべての部門を巻き込んだ全社一丸となった**ブランドマネジメント**

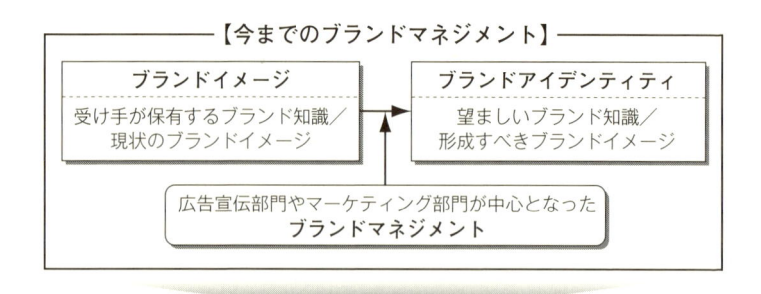

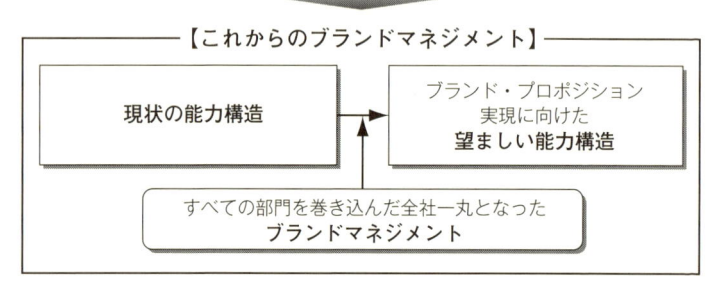

図 7.19 ブランドマネジメントの"今まで"と"これから"

ていきたい．

　一方，TQM にとって，ブランドマネジメントと融合することの最大の意義は何だろうか．TQM がブランド・プロポジションの考え方を取り入れることの最大の効果は何だろうか．その答えは"真のビジョン経営の推進"だと筆者は考えている．次の最終章では，ビジョンについて改めて考えてみたい．

引用・参考文献

1) 赤尾洋二(1990)：品質機能展開マニュアル第1巻，品質展開入門，pp.2-18, 日科技連出版社

2) 大藤正, 小野道照, 永井一志(1997)：QFD ガイドブック 品質機能展開の原理とその応用, pp.4–50, 日本規格協会
3) 吉澤正, 大藤正, 永井一志(2004)：持続可能な成長のための品質機能展開, pp.10–14, 日本規格協会
4) 狩野紀昭(1992)：魅力工学, 魅力工学研究フォーラム, pp.50–60, 海文堂出版株式会社
5) TQM 委員会(1998)：21 世紀の総合"質"経営, pp.52–54, 日科技連出版社
6) 市田嵩, 牧野鉄治(1981)：デザインレビュー, 日科技連出版社
7) 細谷克也(2009)：管理の考え方と進め方, TQM 入門コース, (財)日本科学技術連盟, pp.84–85
8) 狩野紀昭(2003)：日本が直面する品質危機, 大和レビュー, (株)大和総研, 新春号, No.9, pp.2–11
9) 日本科学技術連盟 MC 用語検討小委員会(1988)：品質管理, Vol 39, No.3, pp.47–50
10) 細谷克也(2008)：方針管理を効果的に推進するための 10 ポイント, クオリティマネジメント, Vol.59, No.9, pp.66–70
11) 納谷嘉信(1982)：TQC 推進のための方針管理, pp.33–41, 日科技連出版社
12) 鐵健司(1999)：TQM とその進め方, 日本規格協会
13) 柴山慎一, 正岡幸伸, 森沢徹, 藤中英雄(2001)：バランススコアカード ケースでわかる日本企業の戦略推進ツール, pp.85–97, 日本経済新聞社
14) 狩野紀昭(1997)：現状打破・創造への道—マネジメントのための課題達成型 QC ストーリー, 日科技連出版社
15) 飯塚悦功, 慈道順一(2005)：超 ISO 企業実践シリーズ〈3〉TQM の基本的考え方, 日本規格協会
16) 圓川隆夫(2009)：我が国文化と品質—精緻さにこだわる不確実性回避文化の功罪, 日本規格協会

第8章 ビジョン：夢と希望に満ち溢れた"究極的なありたい姿"が企業にさらなる飛躍をもたらす

　本書の締めくくりとして，"ビジョン"について改めて考えてみたい．ビジョンという言葉はTQMにおいても頻出ワードの一つであるが，人によって，あるいは企業によって意味合いが微妙に異なっているようだ．

8.1 ビジョンを掲げることの意義及びこれまでの経緯

　ビジョンという概念は，日本に入りまだ20年程度の歴史しかなく，1985年のプラザ合意以後，急速に広まったとされる[1]．それ以前は，企業が進むべき方向性が自明，あるいは，自ずと共有可能だったために，ビジョンをあえて掲げる必要性がなかったが，急激な円高や市場の成熟化によって環境が激変し，将来の見通しが不確実性を増した．このような先行き不透明な状況を打開すべく，多くの企業が21世紀初頭のおよそ10～20年先を見据えた"ビジョン"を重視するようになったといわれている[2,3]．

　ビジョンについては多くの経営者や経営学者によってその重要性や意義が説かれている．例えば，ビジョンは企業がとるべき戦略を明らかにすることや[1,4]，組織の求心力を高めること[1]，人々に熱意をもたせ，行動を促す[3]など，企業経営におけるビジョンの重

要性が説かれている．ビジョンに関する主張をまとめると，概ね表 8.1 として整理されよう [1),3),4),5),6)]．

表 8.1 ビジョンを掲げることの意義

よいビジョンは，企業の目的と方向性を明らかにする
よいビジョンは，人々に熱意をもたせ，やる気を奮起させる
よいビジョンは，戦略と行動の道標となる
よいビジョンは，人々を魅了し，力を与える
よいビジョンは，人々の人生に意義をもたらす
よいビジョンは，自ら変化を起こして進路を切り開かせてくれる
よいビジョンは，外部の変化に対応するのを助けてくれる

8.2　ビジョン表現に関する二つの懸念

しかし，実際に企業が掲げるビジョンの中には，表 8.1 のような役割を果たせているのか疑問を抱かせるものが少なくない．本書の文脈とは異なるビジョンの使われ方を二つ紹介したい．

一つは，[ビジョン＝数値目標] という認識のもとでビジョンを表現しているパターンである．"中期経営ビジョン"といった表現がその典型だろう．前節においてビジョンは 10〜20 年ほど先の姿を描く場合が多いと述べたが，企業経営において 10〜20 年先を見据えたものとして"中長期経営計画"がある．ビジョンという言葉はこれと結びつき，"長期ビジョン／中期ビジョン"という使われ方をする場合が多いようだ．また，[ビジョン＝経営目標（業績にかかわる数値目標）] として扱う経営学の書籍も数多く存在する．このように，多くの企業が"ビジョン"という新しい概念を用い

てはみたものの，その実態はもともと存在していた"中長期経営計画"や"長期目標／中期目標"と大差ない中身にとどまっていることが少なくない[1]．これは"長期目標／中期目標"といえば済むところをあえてカタカナ表記しているようにも見える．バランスト・スコアカードにおける"ビジョン・戦略"といういい方や，方針管理における"ビジョン・方針"という使い方は，本項の意味合いに近いと思われる．将来の売上げや収益，市場シェアを数値目標として示しただけの表現は，組織構成員を叱咤激励することには機能するかもしれないが，目的や意義を示すものではない．従業員のモチベーション向上という観点から見たとき，その力は限定的といわざるを得ないだろう．さらに，数値表現に偏ったビジョンは，"外部環境変化"や"業績の悪化"といった要因の変化によってその実現が脅かされるという危険性を常に孕んでおり，いったん計画と実績が乖離してしまうとビジョンに対する信頼性は一挙になくなると思われる．筆者は経営計画としての数値目標の提示そのものを否定しているのではない．ビジョンと経営目標を別個のものとして扱い，表8.1に示したビジョン本来の意義を大切にすべきと主張したいのだ．

ビジョン表現に関するもう一つの懸念としては，[ビジョン＝ありたい姿]という認識のもとで表現されてはいるものの，"独りよがりな姿"あるいは"過度に一般的かつ抽象的な表現"にとどまっているために，それを見た人々に具体的な行動の示唆をもたらさないパターンが挙げられる．前者を例示した表8.2（i群）を見ると，これらはすべて，"自社の，自社による，自社のための姿"にとど

表 8.2 ビジョン表現の実際

ⅰ群：自社の，自社による，自社のための姿として表現している例

ビジョンの内容
半導体業界のリーディングカンパニーになる
最先端の技術に支えられた強いデバイス事業
最高の衣料と物流ネットワークをもつ衣料のフロンティアカンパニーになる
高い生産性と効率性を有するナンバー1・プロフェッショナル企業になります
いかなる医療システム化でも我々の製品が実力を発揮する
柔軟な思考による効率化された経営に挑戦し，実践する
感性に溢れ，顧客企業の最適調達に貢献するパートナーを目指す
市場の中で最も価値のある存在として認められ続ける

ⅱ群：一般的かつ抽象的な表現にとどまっている例

ビジョンの内容
世界の人々が喜ぶ斬新な価値を提供することで，豊かな社会を創る
快適かつ安心できるネットワーク社会を通じて，世界の人々が夢をもてる将来を創造します
安全で心のこもった商品を提供することで，豊かで美しい食生活を送ることに貢献する
将来を見据え，より明るい世界を創ります
私たちは，地球に住む人々のために食を通じて健康をもたらし，明日のよりよい生活をつくります
人と地球が喜ぶ卓越した価値を創造します
国民が豊かで安心できる生活に寄与する
我々のすべての力を結集し，社会の発展に尽くす

まっている．"○○業界のリーディングカンパニーになる"はその典型だろう．このような姿に対して期待や共創欲求を抱くステークホルダーがどれだけいるだろうか．既に相当の思い入れをもっている一部を除けば，"あぁ，そうですか"という感想で終わってしまってもおかしくない．また，後者の"過度に一般的かつ抽象的な表現"を集めた表 8.2（ii 群）では，経営学の教科書や新聞・雑誌等のメディアで書かれている一般的なことを表現しているにすぎないことがわかる．"豊かな社会づくりに貢献する"，"快適な生活を創造する"，"地球と共生する"などがその典型例として挙げられる．これらの例について，"これは，あのブランドのビジョンです"と特定できる人はほとんどいないだろう．また，従業員が今後の課題を次々とひらめく拠り所としてこのようなビジョンが寄与するかといえば大いに疑問である．

8.3 ビジョン表現上の留意点

では，よいビジョンにはどのような表現上の特徴があるのだろうか．それを検討するにあたり，次のキング牧師の演説をご覧いただきたい[7]（表 8.3）．

表 8.3 キング牧師の演説

私には夢がある． いつの日にか，ジョージアの赤土の丘の上で，かつて奴隷であった者たちの子孫と，かつて奴隷主であった者たちの子孫が，兄弟として同じテーブルに向かい腰掛ける時がくるという夢が．

キング牧師の例から，私たちはビジョンを描く際の重要なポイントとして次のことをうかがい知ることができる[7]（表 8.4）．

表 8.4 ビジョンを描く際の留意点

ビジュアル（絵や写真）をイメージできること
周囲を巻き込む力に溢れる"究極的な理想"を描くこと
自社に関係する人とともに成し遂げたい姿を表現すること
夢・希望に溢れていること
固有の歴史・文化・価値観に適合していること

ここで特に注目に値するのは，"具体的な絵を思い浮かべることができる"という点であろう．自らの世界観を絵として描き切ったとき，前節の表 8.2（ii 群）のような一般的かつ抽象的な表現になりようがない．このような観点から企業各社のビジョンを調べていた中で，筆者の心に響いたメッセージを図 8.1 に示す．短期間の広告メッセージとしてならば，たくさんの優れたメッセージがあるが，図 8.1 は長期にわたって企業ウェブサイトに"ブランドプロミス"としてメッセージを発信し続けているという点で注目に値する．言葉だけだと伝わらないかもしれないことが，絵とともに表されることによって，見る者にその企業が目指す究極的なありたい姿が細部にわたって伝わる．そして，その企業が目指す究極的なありたい姿をもとに，顧客はこの企業の製品がどのような使命を果たそうとしているのか思い浮かべることができるだろう．そして，今後の新製品に対する期待感が高まることも大いに予想される．

"ビジョン"といってしまうと，何か非常にかしこまった素晴らしいことを描かなければならないと思いがちだが，そうではない．

8.3 ビジョン表現上の留意点　　　145

図 8.1 ビジョン表現の好例（© ミキハウス）

"製品・サービスを通じて，自分たちはどのような絵を実現させたいのか？"ということを，素直に描けばそれは一つの立派なビジョンだ．図 8.2 をご覧いただきたい．

これは筆者が講師を務めた社内研修で，参加した社員が自分たちの手で作り上げたものである．紙おむつをケースにした研修では，"赤ちゃんと母親の間に愛情が通い合うということを大切にするのであれば，おむつとしてこういうことをしてあげられるのではないか"といった視点から新しい製品・サービスのアイデアが次々に生まれた．また，管材メーカの研修では，"我々は施工業者と元請のゼネコンの関係を，両者がお互いのビジョンを重ね合わせ，共創す

第 8 章　ビジョン

〈事例：紙おむつ〉

"赤ちゃんの元気な姿を見たい"
"赤ちゃんから微笑みかけてほしい"
というお母さんの想い．

"そんなお母さんの想いを一緒に叶えたい，
お母さんが赤ちゃんに注ぐ愛情を大切にしたい．"

これが私たちの思いです．

お母さんの思いが赤ちゃんに伝わり，
赤ちゃんに注いだ愛情がお母さんに返ってくる，
母と子の間で愛情が通い合う，
そんな毎日を支えるものづくりを
私たちは目指します．

〈事例：管材〉

人の体の 70% が水でできているように，
川や海そして雨に恩恵を受けているように，
かつて井戸端で会話が生まれたように，
水は，人を創り，人々の生活を支え，文化を育みます．

我々は，街に住む人々，
その街を創ることに関わるすべての人々とともに
管材を通じ，水を通じて，人をつくり，街をつくり，
文化を育むことを目指します．

豊かな文化づくりは，私たち全員の夢．
そこに住むすべての人が素敵な笑顔であるために．

夢の実現に向けて，私たちが果たすべき役割は何か．
水を運ぶ媒体はどうあるべきか．
私はこれからの製品のあり方を，
これからもずっと考え続けてまいります．

図 8.2　ブランド・プロポジション設計演習で参加者が作成したビジョン

る関係にしたい．そのために施工業者はゼネコンに対して何を提案すべきか？　その提案内容に組み込まれるべきこととして，自社は施工業者に対して何を提供すべきか"という観点から議論が繰り広げられた．その結果，次世代の製品アイデアやサービスのアイデアが全 18 個も生み出された．それまでは施工業者しか見ておらず，施工業者の声をもとに"施工の簡便性"や"保守のしやすさ"といったことを訴求していたこととのあまりの違いに，メンバー自身

が驚いていた．このように，明快な絵として表現されたビジョンは組織内部に対して，"このような姿を実現するために自社製品が何をしなければならないのか？ どのような機能を発揮すべきか？"ということについて無限のアイデアを生み出す源になり得る．ビジョンという概念を難しく考える必要はない．"自分たちは要するに何を目指しているのか？"ということを，素直に絵で表現すればよい．製品のブランド・プロポジションを設計する際，理想状態欄を"製品そのものの価値"ではなく，"その製品を通じた自社が目指していること"を描くことを心がければ，その内容は自ずとビジョンに近づいていくことだろう（図8.3）．

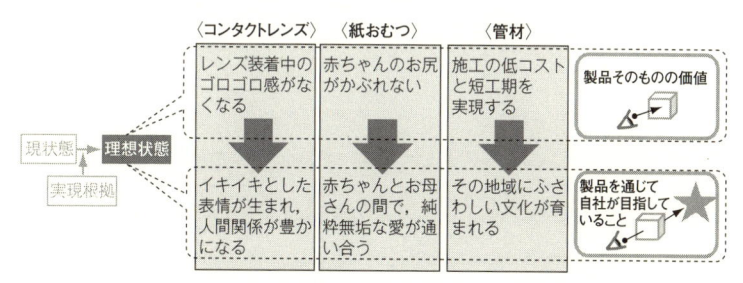

図 8.3 "製品そのものの価値"と"製品を通じた自社の価値"の違い

さて，図8.1と図8.2の表現上の特徴について，読者の皆さんは何か共通の要素があることにお気づきいただけているだろうか？その共通要素とは，次の2点である．

・だれとだれの関係に関与したいのか？
・その関係をどうしたいのか？

いずれの例も上記2点が明確に表現されている．これら2点を

定めることを筆者は"環境規定"と呼んでいる．環境という言葉の意味は，精神医学や情報技術，言語学など分野によって異なるが，ここでいう環境とは，"あるものを主体にとった場合における，それを取り巻き，直接間接に関係をもつものすべて"という意味で用いている．

　人間は社会性をもった生き物であり，周囲の人との相互関係(環境)の中で生きている[8]．将来の自分を取り巻く環境がどうなるのか，周囲との関係が今後どうなっていくのかといったことは，一人ひとりにとって極めて重大な関心事である．したがって，"あなたの将来の環境づくりにかかわりたい．あなたとともに，こういう環境を一緒に創っていきたい"という企業のビジョンは，顧客及び潜在顧客にとって評価対象になることは明らかだ．自社が掲げたビジョンに対して，顧客が"ぜひ，そうしたい"と評価したとき，その評価は"期待"や"共創欲求"として現れる．環境規定の考え方に基づいて描かれたビジョンは，期待や共創欲求といった顧客ロイヤルティを獲得するうえで，極めて重要な役割を担っている．そして，前節の表8.2 (i群)のような独りよがりな表現は自ずと回避される．

　B2Bにおける戦略会議ではしばしば"自社の顧客は誰だ？"という議論に陥る．本書で取り上げたテキスタイル事例においても，"我々の顧客はアパレル企業か？　それともエンドユーザーか？"という議論になった．環境規定の考え方は，"顧客はどっち？"という窮屈な思考を解放し，"どちらも顧客である．アパレル企業とエンドユーザーの関係を，自分たちテキスタイル企業としてどうしたいのか？"という大きなスコープをもたらす．前出の管材の例で

8.3 ビジョン表現上の留意点

述べたとおり,環境規定によってそれまでの"施工業者と自社の二者関係"から,"施工業者とゼネコンの関係に自社としてかかわるために自社は何をすべきか"という新しい視点がもたらされた(図8.4).環境規定に基づくビジョンは,企業内部のすべての従業員に対して,自社製品が果たすべき使命や,そのような使命を果たすのにふさわしい新規の魅力品質要素,更に今後取り組むべき研究開発の技術テーマなどについてとどまることのないアイデアをひらめかせる拠り所になる.さらに,今日の企業は経済的な価値を創出

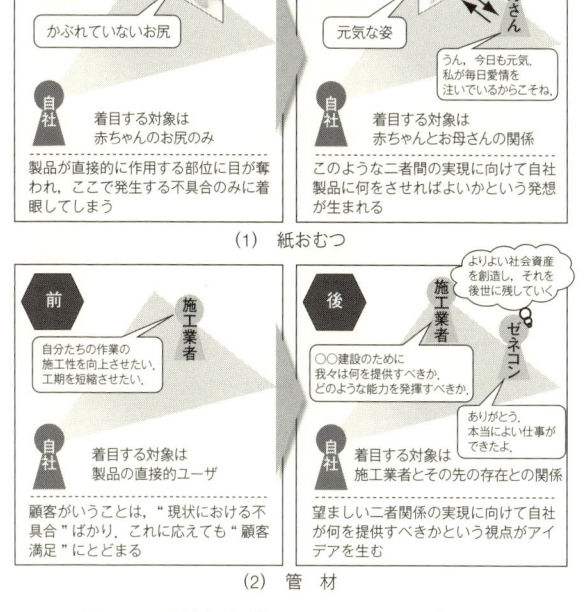

図 8.4 環境規定導入によるスコープの拡大

する担い手としてだけでなく,社会的な価値を創出するという役割も要請されている[9),10)]. 企業の発信する情報の対象は,"顧客"にとどまらず,株主,地域・社会,サプライヤーなどの外部協力機関など,多岐にわたる利害関係者に及ぶ(図8.5). これからの関

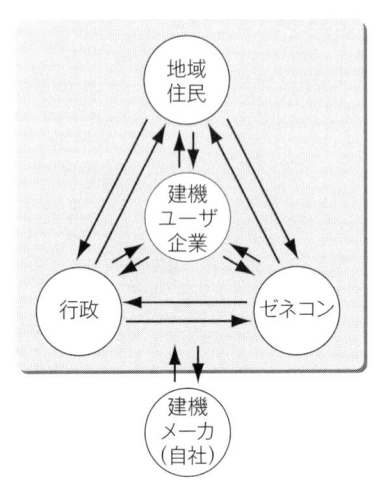

図8.5 ステークホルダーを広範にカバーした環境規定の例(建設機械)

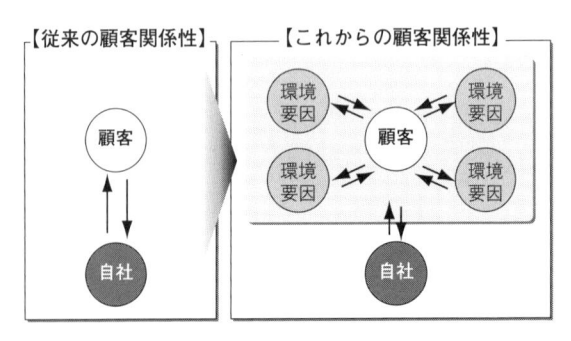

図8.6 これからの時代の顧客関係性構築に求められる視野

係性概念は，"顧客と自社"という二者関係だけでとらえるのではなく，"顧客を主体にし，主体と直接・間接に関係をもつものすべて"を顧客関係性として考えていくことが望ましいのではないかと筆者は考えている（図 8.6）．

8.4 結語：夢と希望，そしてブランド・プロポジション

以上，本章ではビジョン概念が用いられるようになった経緯やビジョンを掲げることの意義，そして，ビジョン表現上のポイントについて検討した．環境規定の考え方に基づいて描かれたビジョンは，前節で述べた"独りよがりな表現"や"過度に一般的かつ抽象的な表現"を回避することに寄与する．夢と希望に満ち溢れた魅力的なありたい姿として描かれたビジョンをすべてのステークホルダーと共有し，そして，これを叶えるべく共創しようという基盤が成立したとき，長期にわたる素晴らしい関係性が実現するのである．

夢と希望に満ち溢れた究極的なありたい姿を描いたビジョンが組織に及ぼす影響は計り知れない．特に，"How to do"に優れた企業を更に飛躍させる原動力になり得る．逆にいえば，"How to do"に関する能力をもち合わせていない企業は，どれだけ魅力的なビジョンを掲げたとしても，それを実現できないまま絵に描いた餅に終わってしまうかもしれない．"How to do"について強力な方法論を豊富に提供する TQM は，ビジョンマネジメントとしての新たなステージに向かうにふさわしいと筆者は思う．方針管理，日常管理，機能別管理，QC サークル，QC ストーリーなど，強い組

織づくりを可能にするこれらの方法論や運営の枠組みは，企業自らが掲げるビジョンの実現に欠かせない．

　欧州には，我が国と変わらぬほど長期雇用型の経営をしている企業が多い．ただし，"あなたは何のために働くのか？"という質問に対する，そのような欧州企業の経営者や従業員の答えは，我が国とは著しく異なっており，彼らは"ブランドのために働いている"と答えるという．このようなビジョンを前提とする企業経営は"ビジョナリー・ブランディング"と呼ばれている[3]．

　"品質を追求してきた我が国製造業は，今日の時代にふさわしい新たなコンセプトが必要なのではないか"——本書はこのような問題提起から始まったわけだが，そのコンセプトとは，"夢と希望に満ち溢れたありたい姿"を表したビジョンにほかならない．"何のために働くのか？"，"顧客から見て，あるいは，すべてのステークホルダーから見て，どのような存在でありたいのか？"といった目的・意義をあらためて明確化することが，これまでに TQM が蓄積してきた知見を更に力強いものにするのではないだろうか．品質の重要性は今更問うまでもないことではあるが，今一度，自問自答してみていただきたい．"品質とは何か？"，"何のための品質か？"，"なぜ，我々は品質を追求するのか？"ということを．これらについて繰り返し 4Q をかけることによって，品質を追求する目的と意義がすべてのステークホルダーに期待と共創欲求を抱かせる魅力的なコンセプトとして導き出されることだろう．

　その際，最も重要なものは"企業自らの意思"である．自らのアイデンティティといってもよいだろう．過去に，体の芯までベンチ

8.4 結語：夢と希望，そしてブランド・プロポジション

マークが染み込んだある企業のご担当者が，競合企業のブランド・アイデンティティを詳細に分析して，"よって，自社としてはこういうブランド・アイデンティティでいきたい"として提言をまとめた報告書に驚かされたことがある．周りの人たちの人生の目的・意義を分析した後に，自分の人生の目的・意義を決めようとする人はいないのと同様，企業のビジョンは，競合分析を通じて設定するような次元の問題ではない．事業の目的・意義を，企業自らの意思として，自分たちの言葉と絵で描き切っていただきたい．夢と希望に満ち溢れた究極的なありたい姿は，自社を取り巻くすべてのステークホルダーとの長期にわたる関係性基盤になるに違いない．

"夢と希望"という言葉を，筆者が意識して使うようになったのは，TQM の考え方が全社レベルで浸透した企業の，あるプロジェクトでご一緒したリーダー（部長職）の方がしみじみと語った次の一言がきっかけだったと思う．

"数字に表すことはできないけれど，仕事をしていくうえで大切にすべきものを，TQM の考え方が浸透した我々はいつの間にか削ぎ落としてしまっていたのかもしれない．夢と希望，これをみんなで大事にしていきたい"——今から3年前のエピソードであるが，今も筆者の心に深く刻まれている．

夢と希望に満ち溢れた"究極的なありたい姿"を描いたブランド・プロポジションは，従業員各人の考え方を変革し，一人ひとりの主体性を喚起させ，個人間・部門間における協同を喚起させる力を有する．ビジョンとして機能するためのブランド・プロポジション要件を表 8.5 に示す．これら項目を満たしたブランド・プロポジ

ションを全社共通のコンセプトとして掲げることが，各人・組織が生き生きと目を輝かせ皆で協力し合い，顧客歓喜獲得を可能にする魅力的企業へと進化・深化させることを願ってやまない．ブランドマネジメントとTQMの融合によって，夢と希望に満ちた"究極的なありたい姿"が企業に更なる飛躍をもたらすことを心から願い，本書を締めくくらせていただく．

表8.5 ブランド・プロポジション　チェックリスト

分　類	チェック項目	CS経営項目との関連
ブランド・プロポジション 必要条件 The Brand Proposition	顧客に対して果たすべき約束の内容を明文化したものになっているか	
	顧客から見た自社存在理由を表しているか	
	自社がなぜ実現・提供可能なのか明記されているか	
夢と希望 Dream & Hopeful	ステークホルダーを引き込む力強さがあるか	CS/DS/ES
	従業員一人ひとりのやりがいやモチベーションを上げる内容か	
	ステークホルダーに夢と希望を与える力強さがあるか	
	人々に熱意をもたせ，やる気を起こさせるか	
究極的 Ultimate	自社と顧客が描く究極的なありたい姿が描かれているか	
	最終的にどこを目指しているのか明確か	
対価の源泉 Valuable	顧客が対価を支払い続ける理由になっているか	
	プレミアム対価を頂くにふさわしい約束になっているか	
独自性 Uniqueness	自社だけが提供可能な約束になっているか	CS
	他社の追随を許さない内容になっているか	
顧客満足・ 顧客ロイヤルティ Customer Loyalty	顧客から"今後，私は更に大きな価値を享受できるのではないか"という期待を獲得できそうか	
	顧客から"一緒に創りたい，かかわりたい，貢献したい"という共創欲求を獲得できそうか	

8.4 結語：夢と希望，そしてブランド・プロポジション

表 8.5 （続き）

分 類	チェック項目	CS 経営項目との関連
顧客満足・顧客ロイヤルティ Customer Loyalty	顧客の信頼を獲得できそうか	CS
	顧客の愛着，なじみを獲得できそうか	
将来性と持続性 Future & Sustainability	"いま"の製品で"いま"できることだけに限定されていないか	
	現在のニーズのみならず将来の潜在ニーズに応える内容か	
	一度の取引で終わるのではなく，持続的に関係性構築ができる内容か	
妥当性，及び必然性 Selection	顧客が自社を選ぶ妥当性を表しているか	
	顧客から自社が選ばれるための必然性が描かれているか	
戦略性 Strategy	今後のブランド強化に向けて，社内各部門の能力向上に展開可能な内容になっているか	DS/ES
	今後自社が何をすべきかを指し示す内容になっているか	
価値基準 Values	将来に向けた社内意思決定基準となっているか	
	顧客とともに実現するために，製品・サービスが果たすべき使命を明文化しているか	
	どのような顧客を主体にし，どのような承認を得させたいのか，明確な意思が描かれているか	
部門満足・部門ロイヤルティ Department Loyalty	部門を超えた連携・協力の必要性を感じる内容か	DS
	部門を超えて共有できる表現・内容になっているか	
	他部門の活躍が気になる・応援したい内容になっているか	
部門満足・部門ロイヤルティ Department Loyalty	直近の損失・犠牲をいとわないと思える内容か	
従業員満足・従業員ロイヤルティ Employee Loyalty	従業員各人が会社に愛着やなじみをもつ内容か	ES
	会社における従業員各人の役割が浮かぶ内容になっているか	
	会社が目指している方向・風土・スタンスに従業員が参加したい・高めたいと思えるか	
	従業員の仕事にやりがいを与えられる内容になっているか	

引用・参考文献

1) 木村壽男(1995)：企業ビジョンの実現，pp.23-53，マネジメント社
2) 伊丹敬之(1987)：人本主義企業〜変わる経営変わらぬ原理〜，pp.5-25，筑摩書房
3) 伊藤邦雄(2000)：コーポレートブランド経営，pp.15-98，日本経済新聞出版社
4) 野口吉昭(2003)："夢とビジョン"を語る技術，pp.106-122，かんき出版
5) Nanus, B.(1992): *Visionary Leadership*, Jossey-Bass Inc.［産能大学ビジョン研究会訳(1994)：ビジョン・リーダ，pp.45-68，産能大学出版部］
6) Hickman, C.R. and M.A. Silva (1984): *Creating Excellence*, The New American Library Inc.［上野明訳(1985)：エクセレント・カンパニーを創る，pp.221-264，講談社］
7) Blanchard, K. and Stoner, J.(2003): *Full Steam Ahead!*, Berret-Koehler Publishers.［田辺希久子(2004)：ザ・ビジョン，ダイヤモンド社］
8) 山岸俊男(2001)：社会心理学キーワード，pp.171-185，有斐閣双書
9) 猪狩誠也，上野征洋，剣持隆，清水正道，城義紀共著(2002)：コーポレート・コミュニケーション戦略，pp.3-29，同友館
10) 宮原義友(2002)：コーポレート・コミュニケーション再考，日経広告研究所報，No.202, pp.2-7

索　引

【アルファベット】

B2B 事例　　45
B2C 事例　　53
Branding　　27
CI　　15
CS　　64
　——経営　　63
DR　　117
DRBFM 手法　　117
DS　　69
ES　　64
FMEA　　117
Marketing　　25
Quality Control　　118
Quality Creation　　118
Quality Management　　118
Selling　　25
TQM　　16
VTree　　90
　——の要約　　94

【あ行】

新しい CS 経営モデル　　70
当たり前品質　　108
ありたい姿　　132
意思決定メカニズム　　36
インターナル・ブランディング　　14

【か行】

改善活動　　130
価値保証　　115
機能別管理　　126
究極的なありたい姿　　132, 153
共創欲求　　66, 120
経営資源の総合化　　92
顧客から見た自社存在理由　　43
顧客関係性　　33, 150
顧客満足　　64
顧客ロイヤルティ　　65
　——を構成する 4 要素　　67

【さ行】

質の字源　　118
従業員満足　　64
創造活動　　130
組織学習　　68, 125
組織内地図　　68

【た行】

第 3 の品質　　109

【は行】

バリュー・ツリー　　90
ビジョナリー・ブランディング

152
ビジョン　139, 144
　──・マネジメント　20
100本ノック　87
品質創造　119
品質と顧客満足の関係　113
品質の二次元的モデル　109
品質保証　115
部門満足　69
ブランド　23, 28, 33
ブランドステートメント　49
ブランド・プロポジション　39, 44, 133, 153
　──がもたらす二つの効果　135
　──基本形　39
　──設計　46, 54, 94
　──設計手続き　76, 86
ブランドマネジメント　14, 33, 134, 136
　──とTQMの関係　13
　──とTQMの融合　20, 101
ブランド・メッセージ　97
プロダクト・アウト　25
方針管理　122
　──とブランド・プロポジションの融合　124

【ま行】

マーケット・イン　25
三つの"S"　71
魅力的品質　108

【や行】

読替の質　112
4Q　75
　──洞察　75, 88

JSQC選書 9
ブランドマネジメント
究極的なありたい姿が組織能力を更に高める

定価:本体 1,500 円(税別)

2009 年 10 月 30 日　第 1 版第 1 刷発行
2020 年 4 月 10 日　　　　第 4 刷発行

監 修 者　社団法人 日本品質管理学会
著　者　加藤　雄一郎
発 行 者　揖斐　敏夫
発 行 所　一般財団法人 日本規格協会
　　　　　〒 108-0073　東京都港区三田 3 丁目 13-12 三田 MT ビル
　　　　　　　　　　　https://www.jsa.or.jp/
　　　　　　　　　　　振替　00160-2-195146
製　作　日本規格協会ソリューションズ株式会社
印 刷 所　日本ハイコム株式会社
製作協力　有限会社カイ編集舎

© Yuichiro Kato, 2009　　　　　　　　　Printed in Japan
ISBN978-4-542-50460-8

　● 当会発行図書，海外規格のお求めは，下記をご利用ください．
　　JSA Webdesk(オンライン注文)：https://webdesk.jsa.or.jp/
　　通信販売：電話 (03)4231-8550　FAX (03)4231-8665
　　書店販売：電話 (03)4231-8553　FAX (03)4231-8667